RETTER IM EINSATZ

Kompass

Sehen · Staunen · Wissen

Französisches Polizeiabzeichen

RETTER IM EINSATZ

An Land, zur See,
aus der Luft und im All

Text von
Claire Watts

Retter nach einem Erdbeben in Kobe/Japan

Gerstenberg Verlag

Internationales Flaggensignal „Mann über Bord"

Rettungsweste

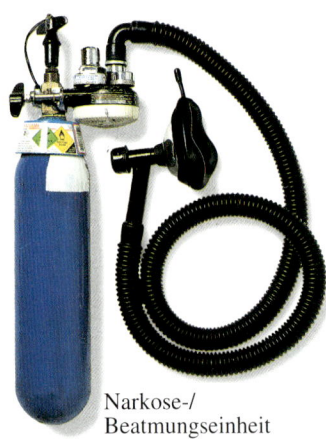
Narkose-/
Beatmungseinheit

Die Deutsche Bibliothek – CIP-Einheitsaufnahme
Ein Titeldatensatz für diese Publikation ist bei
Der Deutschen Bibliothek erhältlich.

Ein Dorling-Kindersley-Buch
Originaltitel: Eyewitness Guides: Rescue
Copyright © 2001 Dorling Kindersley Ltd., London
Lektorat: Monica Byles, Jayne Parsons, Amanda Rayner
Layout und Gestaltung: Ann Cannings, Almudena Díaz,
Julia Harris, Matthew Ibbotson, Dean Price, Jane Tetzlaff
Herstellung: Kate Oliver
Bildrecherche: Mollie Gillard

Gesetzt nach neuer Rechtschreibung
Aus dem Englischen von Stefanie Schäfer, Köln
Redaktionelle Bearbeitung der deutschsprachigen Ausgabe
von Margot Wilhelmi, Sulingen
Deutsche Ausgabe Copyright © 2001
Gerstenberg Verlag, Hildesheim
Alle deutschsprachigen Rechte vorbehalten
Satz bei Gerstenberg Druck GmbH, Hildesheim
Printed in China
ISBN 3-8067-4526-9

01 02 03 04 05   5 4 3 2 1

Nylonseil für
Bergsteiger

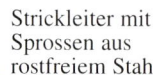

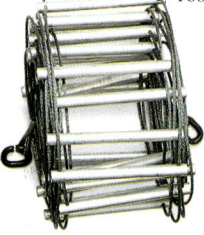
Strickleiter mit
Sprossen aus
rostfreiem Stahl

Bernhardiner

Französisches
Löschfahrzeug

Rettung
einer Person
aus dem
Wasser

Inhalt

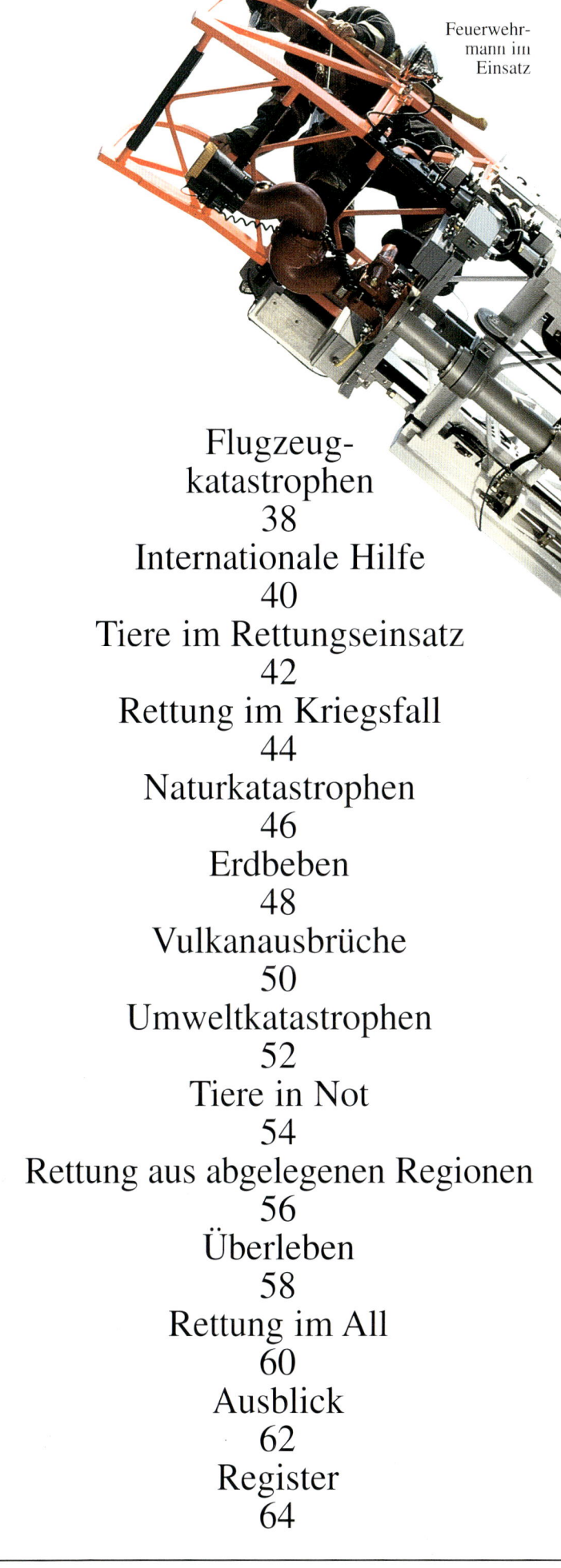

Feuerwehrmann im Einsatz

Als Erste vor Ort
6

Berühmte Rettungen
8

Rettung in früheren Zeiten
10

Rettungstechnologie
12

Die Feuerwehr
14

Die Feuerwehr im Einsatz
16

Eingeschlossen
18

Rettung aus der Luft
20

Rettungswagen
22

In der Notaufnahme
24

Die Polizei
26

Sondereinsatzkommandos
28

Rettungsschwimmer
30

Seenotrettung
32

Auf hoher See
34

Rettung in den Bergen
36

Flugzeugkatastrophen
38

Internationale Hilfe
40

Tiere im Rettungseinsatz
42

Rettung im Kriegsfall
44

Naturkatastrophen
46

Erdbeben
48

Vulkanausbrüche
50

Umweltkatastrophen
52

Tiere in Not
54

Rettung aus abgelegenen Regionen
56

Überleben
58

Rettung im All
60

Ausblick
62

Register
64

Als Erste vor Ort

Ein Seemann, der sich an den Rumpf eines Schiffes klammert, ein vom Hungertod bedrohtes Kind oder eine Person, die nach einem Erdbeben verletzt unter Trümmern verschüttet ist: Sie befinden sich in schrecklicher Gefahr und können nur darauf hoffen, dass Retter sie finden, und vor allem, dass diese rechtzeitig kommen. Die Retter, die als Erste eintreffen, müssen immer erst einmal feststellen, ob und wo Menschen verletzt, verschüttet oder in sonstiger Gefahr sind, und die Betroffenen aus der Gefahrenzone heraus- und gegebenenfalls in ein Krankenhaus bringen. Dann können Rettungsteams mit Aufräum- und Sicherungsarbeiten beginnen, damit keine weiteren Menschenleben gefährdet werden.

ERSTE HILFE
Erste Hilfe nennt man medizinische Notversorgung vor Ort, etwa das Verbinden von Wunden oder Wiederbelebungsversuche. Bei Großveranstaltungen helfen oftmals freiwillige Rettungsdienste wie das DRK oder die Malteser (St John Ambulance, oben).

Sturmfestes Rettungsboot

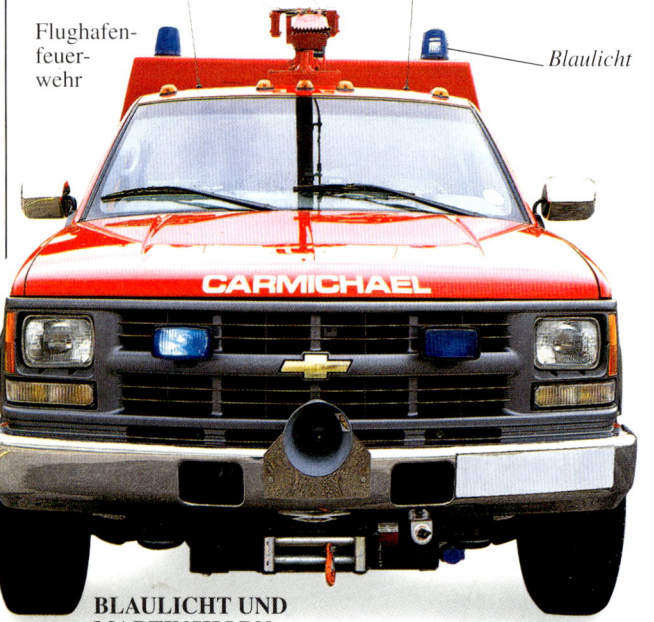

Flughafenfeuerwehr

Blaulicht

IN BEREITSCHAFT
Viele Helfer arbeiten ehrenamtlich für einen Rettungsdienst. Sie üben einen anderen Beruf aus, sind aber immer in Bereitschaft. Wenn sie einen Notruf empfangen, lassen sie alles stehen und liegen, um mit Rettungsbooten hinauszufahren, sich an einer Such- oder Rettungsaktion zu beteiligen oder in ein Katastrophengebiet zu fliegen.

VERKEHRSUNFÄLLE
Ein Rettungswagen rast zur Unfallstelle, wo Rettungsassistent und -sanitäter die Unfallopfer behandeln und das Krankenhaus über deren Verletzungen informieren. So kann man im Krankenhaus inzwischen die Behandlung vorbereiten. In vielen Fällen arbeiten die Rettungsdienste zusammen. Die Polizei z.B. sperrt den Unfallort ab, um weitere Unglücke zu verhindern.

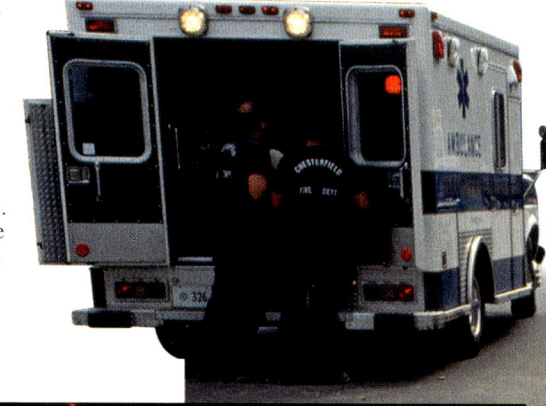

BLAULICHT UND MARTINSHORN
Im Notfall muss es schnell gehen, wenn man Menschen retten und die Situation unter Kontrolle bringen will. Deshalb machen Rettungsfahrzeuge mit Martinshorn, Blaulicht und auffälligen Farben auf sich aufmerksam, damit die anderen Verkehrsteilnehmer den Weg frei machen.

NOTRUFE
Bei einem Notfall muss man eine Notrufnummer (Polizei 110, Feuerwehr/Rettungsleitstelle112) wählen. Der Anruf wird in einer Notrufzentrale entgegengenommen und mit den nötigen Informationen an die entsprechenden Rettungsdienste weitergeleitet.

In einer Notrufzentrale werden Anrufe entgegengenommen.

Freiwilliger Rot-Kreuz-Helfer in Äthiopien

Australischer Rettungs-sanitäter

Medizinische Ausrüstung auf dem Motorrad

FREIWILLIGE
Neben Menschen, für die Rettungseinsätze zum Beruf gehören, gibt es viele freiwillige Helfer, die in ihrer Freizeit unter schwierigsten Bedingungen Menschen in Not beistehen. Ebenso wie die Profis werden auch die Freiwilligen für das Verhalten in Notsituationen ausgebildet. Ohne sie wären viele Organisationen nicht in der Lage, den Opfern von Unfällen, Naturkatastrophen und anderen Unglücken im notwendigen Umfang Hilfe zu leisten.

DER WEG ZUM UNFALLORT
Ereignen sich Unfälle an schwer zugänglichen Orten, benutzen Rettungsdienste Verkehrsmittel wie Motorräder oder Helikopter. Diese Transportmittel sind z.B. in Städten lebenswichtig, wo es im dichten Verkehr für andere Fahrzeuge kaum ein Durchkommen gibt.

Retter bringen einen Verletzten zum Rettungswagen.

Opfer eines Verkehrsunfalls

Berühmte Rettungen

Robinson Crusoe

Dramatische Rettungsaktionen eignen sich gut als Thema für spannende Geschichten, für Fernsehreportagen und Filme im Kino oder Fernsehen. In Sagen und Märchen werden Menschen oft in letzter Sekunde von tapferen Helden mit magischen Kräften oder außergewöhnlicher Stärke und Intelligenz oder einfach mit außergewöhnlichem Mut aus der Hand von Ungeheuern, Dämonen, bösen Hexen oder Riesen befreit. Geschichten von Rettungen, in denen es zu lebensbedrohlichen Situationen kommt, in denen Heldenmut gefragt ist und in denen Menschen ums Überleben kämpfen, sind heute so beliebt wie eh und je. Dramatische Fernsehserien und Katastrophenfilme über Feuerwehren, die Notaufnahme eines Krankenhauses, Rettungsboote oder -hubschrauber begeistern das Publikum und Dokumentationen über wirkliche Rettungseinsätze machen die Retter zu Helden.

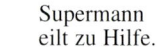
Supermann eilt zu Hilfe.

DIE KLEINE MEERJUNGFRAU
Während ansonsten meist Männer als Retter von Frauen auftreten, rettet im Märchen *Die kleine Meerjungfrau* von Hans Christian Andersen (1805–1875) eine Meerjungfrau einen Prinzen, als dessen Schiff sinkt – und verliebt sich in ihn. Die Rettung von Seeleuten durch Meerjungfrauen war ein beliebtes Thema vieler Volksmärchen.

SCHIFFBRÜCHIGE
Faszinierende Abenteuergeschichten handeln oft vom Überlebenskampf und der Rettung von Schiffbrüchigen. Wohl am bekanntesten ist *Robinson Crusoe*. Der Autor, Daniel Defoe (1660–1731), stützte sich bei seinem Roman auf die wahren Abenteuer des Alexander Selkirk, der auf einer unbewohnten Insel ausgesetzt und erst fünf Jahre später gerettet wurde.

DER BESTE FREUND DES MENSCHEN
Zu den berühmtesten Filmstars zählt sicherlich die Colliehündin Lassie, die seit 1943 in Filmen nach dem Buch *Lassie kehrt zurück* von Eric Knight (1897–1943) die Retterin spielte. Bei ihren Abenteuern rettete sie u.a. Menschen vor Feuer oder dem Ertrinken.

SUPERHELD IM EINSATZ
Durch übermenschliche Gaben wie Röntgenblick, ein besonders feines Gehör, Riesenkräfte sowie die Fähigkeit zu fliegen, können Charaktere wie Supermann die ganze Welt retten. Manche Helden, etwa James Bond, sind speziell ausgebildet und benutzen technische Tricks, während andere wie Zorro nur ihren Mut, ihre Intelligenz und einen scharfen Degen besitzen.

Szene aus *Flammendes Inferno*

PACKENDES DRAMA
Der bekannte Katastrophenfilm *Flammendes Inferno* (1974) handelt von einem Feuer in einem 135 Stockwerke hohen Gebäude in San Francisco/USA. Wie in vielen solcher Filme ist die Hauptfigur ein Einzelgänger, der die Regeln bricht und sein Leben riskiert, um andere zu retten.

GEORG UND DER DRACHE
In alten Sagen, Legenden und Märchen, aber auch in modernen Action-Filmen retten Helden Frauen in Not und besiegen bedrohliche Wesen. In der Legende vom hl. Georg soll eine Prinzessin einem Drachen geopfert werden, doch St. Georg kommt gerade rechtzeitig, um das Ungeheuer zu töten und das Leben der Prinzessin zu retten.

St. Georg kämpft mit dem Drachen.

Rettung in früheren Zeiten

Früher war die Rettung in Notfällen meist Glückssache. Es gab noch keine Möglichkeiten, über Funk oder Telefon Alarm auszulösen und Hilfe zu rufen, und kaum Rettungsdienste. Mit etwas Glück war jemand zur Stelle, der helfen konnte oder schnell einen Arzt oder die Feuerwehr rief. Mit Signalfeuern dirigierte man Hilfe zu einem abgelegenen Ort, und auf dem Wasser feuerte man Schüsse ab, um Retter auf sich aufmerksam zu machen. Es gab praktisch keine Möglichkeiten, Naturkatastrophen wie Vulkanausbrüche und Erdbeben vorherzusagen; daher opferte man den Göttern oder trug Amulette, um solches Unheil abzuwenden. Medizinische Soforthilfe bestand oft im notdürftigen Verbinden von Wunden und in der Amputation von Gliedmaßen, die zu stark verletzt waren, um je wieder richtig zu heilen.

Körperabguss eines Vulkanopfers in Pompeji

POMPEJI
Als 79 n.Chr. der Vesuv in Italien ausbrach, traf es die Bewohner von Pompeji ohne Vorwarnung. Die meisten Opfer erstickten am Rauch. Im Nachbarort Stabiae sah und hörte man den Vulkan, bevor Aschewolken die Stadt unter sich begruben. Die Menschen flüchteten, viele mit Kissen über dem Kopf, um sich vor dem Trümmerhagel zu schützen.

Rettungsboot auf Pferde-Transportwagen

HELDENHAFTE SEENOTRETTERIN
1838 prallte das Dampfschiff *Forfarshire* an der Nordostküste Englands im Sturm auf Felsen und begann zu sinken. Die 23-jährige Grace Darling (1815–1842) und ihr Vater, der Leuchtturmwärter, sahen das Unglück und ruderten hinaus auf See. Um Überlebende zu retten, riskierten sie ihr eigenes Leben.

DAS ERDBEBEN VON SAN FRANCISCO
1906 wurde San Francisco/USA von einem Erdbeben verwüstet. Drei Tage und zwei Nächte lang wüteten Brände in den Straßen. Truppen wurden entsandt. Sie sprengten die Häuser, um eine Feuerschneise zu schaffen, die die Flammen nicht überwinden konnten, doch die meisten Menschen mussten hilflos zusehen, wie die Stadt brannte. Dieses Foto zeigt die zerstörte Sacramento Street.

Feuerlöschgerät aus dem 17. Jh.

LÖSCHEN PER HAND
Viele Städte wurden an Küsten oder Flussufern erbaut. Das Wasser dort war nicht zuletzt bedeutsam für das Löschen von Bränden. Freiwillige bildeten eine Löschkette und reichten Eimer bis zum Brandherd weiter. Es gab Stockspritzen für das Löschen kleiner Brände und Haken, mit denen man Häuser abriss, um ein weiteres Übergreifen der Flammen zu verhindern.

RETTUNGSBOOTE
Bis Ende des 19. Jh.s hatte kaum ein Schiff Rettungsboote an Bord. Man hoffte darauf, dass Fischer Seeleute in Not retteten. Später zogen Pferdegespanne die ersten an Land stationierten Seenotrettungsboote über den Strand ins Meer.

MIT VOLLDAMPF ZUM LÖSCHEN
Früher gehörten Spritzenwagen in England meist Versicherungen. Sie eilten zu einem Brand, löschten ihn aber nur, wenn das Zeichen ihrer Versicherung an dem brennenden Gebäude angebracht war. Die ersten Spritzenwagen wurden von Hand bedient und mussten mit Eimern befüllt werden. Mitte des 19. Jh.s kamen in den USA dampfgetriebene Spritzenwagen auf.

Von Pferden gezogener Dampf-Spritzenwagen, 1901

Rettungstechnologie

Heute ist Rettung nicht mehr reine Glückssache – der technische Fortschritt macht selbst in schwierigsten Fällen Hilfe möglich. Kommunikationsgeräte, vom normalen Telefon bis zu Handys und Funkgeräten, informieren Rettungsdienste über Notfälle. Mit besonderen Suchinstrumenten lassen sich Vermisste oder Verschüttete aufspüren und mit hoch entwickelten Geräten kann man Bomben entschärfen, Feuer oder Chemieunfälle unter Kontrolle bringen und so den Schaden auf ein Minimum begrenzen. Spezialfahrzeuge bringen Verletzte rasch ins Krankenhaus und Spezialausrüstung erhält sie während der Fahrt am Leben. Durch die moderne Medizin kann man heute Verunglückte retten, die früher an ihren Verletzungen gestorben wären. Sogar Naturkatastrophen wie Stürme, Erdbeben und Vulkanausbrüche können oft so genau vorhergesagt werden, dass man die Menschen rechtzeitig evakuieren kann.

TREPPENFAHRER
Mit seinen sechs stabilen Rädern und seinem niedrigen Schwerpunkt erklimmt der Fernlenkmanipulator selbst steile Treppen.

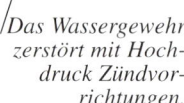

Das Wassergewehr zerstört mit Hochdruck Zündvorrichtungen.

„MAYDAY!"
Seit der Erfindung des drahtlosen Telegrafen Anfang des 20. Jh.s können Schiffe auf See mit Rettungsdiensten an Land sowie mit anderen Schiffen kommunizieren. Im Notfall senden Schiffe und Flugzeuge über Funk einen Notruf, der mit dem Wort „Mayday!" beginnt, welches vom französischen Ausdruck *m'aidez* („helfen Sie mir") kommt.

SUCHE IN DEN TRÜMMERN
Für die Suche nach Überlebenden, die z.B. durch ein Erdbeben verschüttet wurden, benutzen Retter eine Wärmebildkamera, die die Körperwärme eines Menschen zwischen den kalten Trümmern anzeigt.

Feuerwehrmann mit Wärmebildkamera

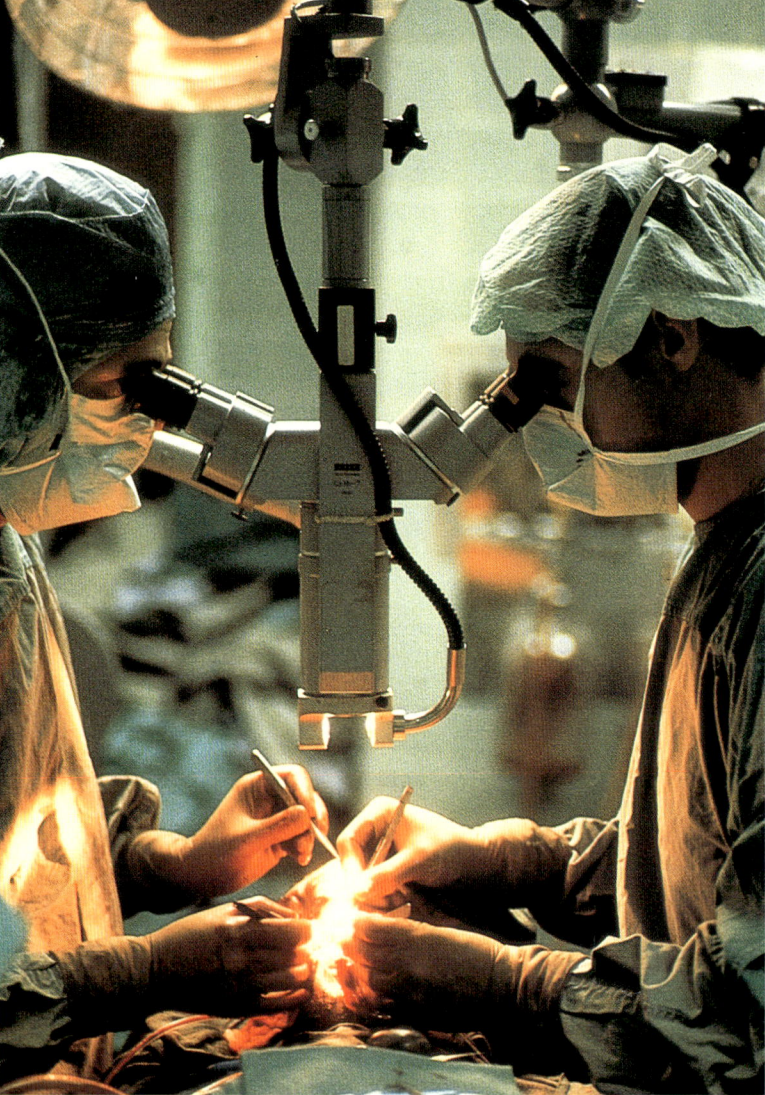

MIKROCHIRURGIE
Das Annähen abgetrennter Glieder gehört zu den Wundern der modernen Medizin. Jeder Nerv und jede Ader müssen miteinander verbunden werden, damit das Glied wieder funktioniert. Chirurgen benutzen feinste Instrumente und verfolgen ihre Arbeit durch Binokularmikroskope, die ein dreidimensionales Bild vermitteln. Das Annähen einer Hand dauert bis zu 19 Stunden, wobei mehrere Chirurgen gleichzeitig oder nacheinander operieren.

BLICK VOM HIMMEL
Künstliche Satelliten umkreisen die Erde in bis zu 36.000 km Höhe (z.B. METEOSAT). Sie beobachten unseren Planeten und schicken mittels Mikro- oder Radiowellen Informationen zu Bodenstationen. Mithilfe von Satelliten lassen sich u.a. Stürme vorhersagen, Waldbrände beobachten und Veränderungen an Vulkanen erkennen. Schiffe können mittels Satellitennavigation auf hoher See Kurs halten.

Armkamera

Mit dieser Waffe kann man z.B. ein Schloss aufschießen und sich so Zugang zu einem Raum verschaffen.

Telekommunikationssatellit in der Erdumlaufbahn

Schwenkbare Kamera für Rundumbilder

BOMBEN-ENTSCHÄRFER
Die Entschärfung von Blindgängern war früher äußerst gefährlich, bis 1972 der erste Fernlenkmanipulator entwickelt wurde. Dieser lässt sich ferngesteuert zu einer Bombe oder Landmine fahren. Der Mensch überwacht die Bewegungen der Maschine in sicherer Entfernung an einem Monitor. Der Fernlenkmanipulator besitzt einen mechanischen Arm und ein Wassergewehr, mit dem sich Zündvorrichtungen unschädlich machen lassen.

Besatzungsmitglied am Radarschirm

Ein Hydraulikzylinder bewegt den Arm auf und ab.

Funksteuerung sendet und empfängt Signale zur und von der Fernbedienung.

RADAR
Radargeräte (Funkmessgeräte) senden Radiowellen aus, die von bis zu 3200 km weit entfernten Objekten reflektiert werden. Mithilfe des „Echos" kann man Position, Größe und Geschwindigkeit der Gegenstände bestimmen. Radar wird in der Schiffs- und Flugnavigation und bei der Luftüberwachung eingesetzt.

Fernlenkmanipulator

Fest montierte Kamera

Durch elektrisch angetriebene Räder erreicht das Gerät bis zu 5 km/h.

Die Feuerwehr

Feuer verbreitet sich rasend schnell in einem Gebäude, Rauch und Flammen breiten sich in Minuten aus, den Bewohnern wird der Fluchtweg abgeschnitten – doch schon ist ein Löschfahrzeug mit Blaulicht und Martinshorn unterwegs. Moderne Löschfahrzeuge haben nicht nur Pumpen und Schläuche zum Löschen mit Wasser dabei, sondern auch eine Rettungsausrüstung, von Seilen und Schneidwerkzeugen bis zu Wischmopps. Es gibt sogar spezielle Fahrzeuge, ganz ohne Pumpen oder Schläuche, die nur mit Leitern und Schneidwerkzeugen ausgerüstet sind. Viele Löschfahrzeuge führen eine Substanz mit, die dem Wasser beigemischt wird, sodass aus den Schläuchen Schaum austritt. Mit diesem Schaum lassen sich auch Feuer löschen, bei denen die Hitzeentwicklung so groß ist, dass reines Wasser sofort verdampfen würde.

IN VERBINDUNG BLEIBEN
Über ein Funkgerät im Löschfahrzeug können die Feuerwehrleute mit der Einsatzzentrale sprechen und sich über die Situation an der Brandstelle informieren.

STAURAUM
Im Löschfahrzeug gibt es einen festen Platz für jeden Gegenstand. Dieses Fach (rechts) enthält Werkzeug, Krankentragen, Stützen, Atemgeräte, Äxte, Straßenkarten und sogar Pläne des Kanalisationssystems.

Axt

Blick in ein Gerätefach *Straßenkarten*

Tragen

AUS DER VOGELPERSPEKTIVE
Viele Löschfahrzeuge haben eine ausfahrbare und drehbare Teleskopleiter mit einem schützenden Korb, in dem Feuerwehrleute hoch in die Luft gehoben werden und die Flammen von oben löschen können.

FEUERWEHRAXT
Äxte sind eines der ältesten Werkzeuge von Feuerwehrleuten. Damit lassen sich z.B. Holztüren von brennenden Gebäuden einschlagen.

Teleskopleiter

Ausstellbare Stützen sorgen für Stabilität.

Gerätefach

Kran *Pressluftflaschen* *Geschirre* *Orangefarbene Säcke mit Seilen*

Luftpolster *Schneidwerkzeuge*

ZUSÄTZLICHE HILFE
Manchmal reicht ein Löschfahrzeug allein nicht aus. Dieses Rettungsfahrzeug hat einen 15 m langen Kranausleger, mit dem sich umgekippte Autos heben oder Ausrüstungsgegenstände bewegen lassen. Im Fahrzeug gibt es auch Spezialplatten und Träger zum Abstützen von Wänden.

UMGANG MIT DER AUSRÜSTUNG
Feuerwehrleute müssen mit jedem Gegenstand im Löschfahrzeug, von Schneidbrennern bis zu Hochdruckschläuchen (links) vertraut sein. Man muss regelmäßig überprüfen, ob die Ausrüstung funktioniert und am rechten Platz ist, damit man sie schnell findet. Fehlende oder defekte Ausrüstungsgegenstände könnten bei einem Brand oder einem Unfall Menschenleben kosten.

SICHER HINUNTER
Um zu hohen Gebäuden hinaufzugelangen, benutzen Feuerwehrleute Schiebeleitern mit einem Schutzkorb. Mit solchen Leitern bringt man Menschen in Sicherheit. Die Mannschaft macht Überlebende ausfindig, hilft ihnen in den Korb und bringt sie vorsichtig hinunter. Manche Körbe sind mit Düsen ausgerüstet, die einen feinen Wasserstrahl auf die Flammen sprühen, um die Menschen beim Transport vor der Hitze zu schützen.

Bekämpfung der Feuersbrunst 1992 auf Schloss Windsor/ England

DIE STANGE HINUNTER
Bei Alarm rutschen die Feuerwehrleute eine Stange hinunter, um zu ihren Uniformen und zum Löschwagen zu gelangen. Das geht schneller, als eine Treppe hinunterzulaufen. Am Boden bremst eine dicke Matte den Aufprall ab.

Glatte Metallstange

Die Feuerwehr im Einsatz

Sengende Flammen stellen nicht die einzige Gefahr für Feuerwehrleute dar. Sie müssen sich auch durch dichten, beißenden Qualm kämpfen, um eingeschlossene Menschen zu retten. Hohe Temperaturen erschweren das Atmen und Wände und Fußböden eines brennenden Gebäudes können leicht einstürzen. Und Feuer löschen ist nur ein Teil der Arbeit. Die Feuerwehr hilft auch bei Verkehrsunfällen, Zugunglücken und Chemieunfällen. Für diese Einsätze müssen die Feuerwehrleute immer wieder üben. Die Feuerwehrübungen, bei denen u.a. auch Unfälle „nachgestellt" werden, sind manchmal ebenso spannend wie echte Einsätze.

1 ANZIEHEN
Die Uniform liegt schon mit den Hosen über den Stiefeln bereit. Gleichzeitig mit beiden Füßen hineinschlüpfen spart Zeit.

Die Stiefel stecken schon in den Hosenbeinen.

2 SCHUTZHOSEN
Die dicken Hosen aus feuerfestem, hitzebeständigem Material werden von Hosenträgern festgehalten.

KATASTROPHE IM MONT-BLANC-TUNNEL
Ein Feuer in einem Tunnel kann verheerend sein. Im Nu können die Retter durch den dichten Rauch Brandherde und Verletzte kaum noch erkennen. 1999 geriet im Mont-Blanc-Tunnel zwischen Frankreich und Italien ein Lkw in Brand. Das Feuer brannte zwei Tage, aber die Feuerwehren brauchten fast eine Woche, um die Toten zu bergen und die ausgebrannten Fahrzeuge zu beseitigen.

Schutzhandschuhe

Atemschutzmaske gegen Rauch

3 JACKE AN
Die Jacke hat Reflektorstreifen, damit der Feuerwehrmann im Rauch zu erkennen ist.

4 ATEMSCHUTZGERÄT
Feuerwehrleute brauchen nur 30 Sekunden, bis sie voll ausgerüstet im Löschfahrzeug sitzen. Das Atemschutzgerät wird erst unterwegs angelegt.

„WASSER MARSCH!"
Ist der Schlauch an den nächsten Hydranten angeschlossen, presst die Pumpe Wasser in die Schläuche. Wenn das Wasser mit Hochdruck in die Flammen schießt, müssen mehrere Feuerwehrleute den Schlauch festhalten. Wo es keine Wasserleitungen gibt, muss Wasser im Löschfahrzeug mitgeführt werden.

Der starke Wasserdruck kann einen Menschen umwerfen.

METALL SCHNEIDEN
Sind Menschen von den Flammen eingeschlossen, kämpft sich der Feuerwehrmann mit Atemschutzgerät durch den Rauch, um sie vor der Hitze und dem Feuer zu retten. Da es um Sekunden geht, durchtrennt er Türen und Stahlträger mit einer Motor- oder Elektrosäge.

VERKEHRSUNFALL
Selbst wenn ein Auto nicht sofort Feuer fängt, kann sich ausgetretenes Benzin nach einem Unfall urplötzlich entzünden. Daher müssen zu allererst Fahrer und Beifahrer aus dem Fahrzeug befreit werden. Oft müssen die Feuerwehrleute sie mit einer Motorsäge aus dem Fahrzeug herausschneiden. Um ein Entzünden des Brennstoffs zu verhindern, wird Schaum um das Fahrzeug herum versprüht.

Feuerfeste Handschuhe

Ein Hartplastikhelm mit breitem Rand schützt den Hals vor Funken.

Starke, batteriebetriebene Elektrosäge

Eingeschlossen

Gefangen in einem eingestürzten Tunnel bleibt einem nichts anderes übrig, als auf das Eintreffen der Rettungsdienste zu warten. Meist kommt in solchen Fällen die Feuerwehr mit langen Leitern, Hebe- und Schneidausrüstung zur Rettung, aber manchmal helfen auch andere Spezialisten Eingeschlossene zu befreien. Kommt es z.B. bei einer Seil- oder Achterbahn zu einem technischen Defekt, können die Passagiere in schwindelnder Höhe festsitzen und ohne fremde Hilfe nicht wieder hinunterkommen. Verlassene Gebäude, Minen und Tunnel sind noch gefährlicher. Mit der Zeit verwittern sie und werden zur Gefahr für jeden, der so töricht ist sich hineinzuwagen.

IN DER LUFT
Fällt ein Seilbahnsystem aus, hängen die Menschen hunderte von Metern hoch in der Luft. Die meisten Kabinen besitzen eine Notausstiegsluke mit einer Leiter für nicht allzu hohe Abstiege.

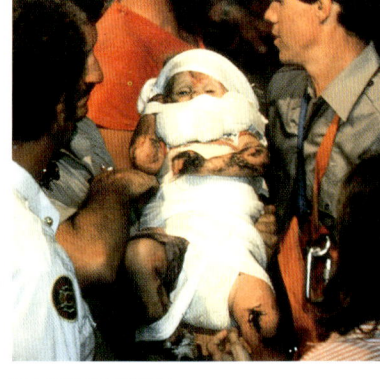

BABY JESSICA
1987 fiel die 18 Monate alte Jessica McClure in Midland/USA 6,5 m tief in einen ausgetrockneten Brunnen. Da der Brunnenschacht für Erwachsene zu eng war, bohrten die Retter einen senkrechten Schacht parallel zum Brunnen und dann einen Durchgang durch den massiven Fels, um zu dem Kind zu gelangen, dem nicht viel passiert war.

STOLLENEINSTURZ
Trotz hoch entwickelter Sicherheitsvorrichtungen wie Stahlstützbögen und hydraulischen Winden sind und bleiben Bergwerke gefährlich. Beim Bohren kann ein Steinschlag ausgelöst werden, der den Weg nach draußen versperrt. Diese Retter tragen einen Verwundeten aus einer Goldmine, in der er 2000 m tief unter der Erde verschüttet war.

BAUMSCHLAG
Bei einem heftigen Sturm können sogar große Bäume umstürzen und auf ein Auto oder ein Gebäude fallen oder eine Straße blockieren. Rettungsteams schaffen den Baum mithilfe eines großen Krans beiseite, ohne dass weiterer Schaden entsteht.

ACHTERBAHN
Zum Nervenkitzel einer Achterbahnfahrt trägt auch das Gefühl bei, dass man herausfallen könnte. Während der Fahrt werden die Fahrgäste von der Fliehkraft in ihren Sitzen gehalten, doch bei einer Störung müssen sie u.U. in ihren Sicherheitsbügeln hängend warten, bis die Retter sie befreien.

Besucher eines Vergnügungsparks schauen sich den Unfallort an.

Entgleiste Wagen eines Fahrgeschäfts

BOMBEN-EXPLOSION
Im April 1995 sprengte in Oklahoma City/USA eine schwere Bombe ein neunstöckiges Gebäude zur Hälfte in die Luft. Fast zwei Wochen suchten Retter mit Spürhunden die Trümmer nach Überlebenden ab. In dem am schwersten zerstörten Teil des Gebäudes befanden sich eine Kindertagesstätte und ein Sozialhilfebüro. Über 80 Leute starben bei der Explosion.

Rettung aus der Luft

In vielen Großstädten und Ballungsgebieten fliegen Rettungshubschrauber hoch über die Staus und können Unfallopfer schneller erreichen als normale Rettungswagen. Rettungshubschrauber werden auch in unwegsamen Gebieten eingesetzt, die für Straßenfahrzeuge schwer zugänglich sind. Der Pilot folgt den genauen Anweisungen der Bodenkontrollmannschaft und landet den Hubschrauber so nahe wie möglich bei einem Patienten, etwa auf dem Dach eines Gebäudes oder auf einer freien Fläche wie einem Fußballplatz. Dann eilen Notarzt und Rettungsassistent zum Kranken, leisten lebensrettende erste Hilfe und transportieren den Patienten ins nächste Krankenhaus. Rettungshubschrauber (RTH) sind im Prinzip nichts anderes als fliegende Notarztwagen.

RETTUNGSHUBSCHRAUBER
In einigen modernen Rettungshubschraubern kann das Rettungsteam über Satellit mit den Ärzten im nächsten Krankenhaus kommunizieren. Oft ist es besser, vor einer Behandlung einen Spezialisten zu befragen.

Elastische Beinbandage zum Fixieren der Schiene

BRÜCHE
Schienen braucht man zum Ruhigstellen von Knochenbrüchen, besonders von Beinbrüchen.

Verstellbare Schiene

Knöchelbandage zum Fixieren der Schiene

IM RETTUNGSHUBSCHRAUBER
Die Spezialausrüstung eines Rettungshubschraubers ist besonders leicht und einfach zu transportieren. Das Rettungsteam trägt Helme zum Schutz in gefährlichen Situationen.

Kopfstütze *Sicherheitsgurt*

SPEZIALTRAGE
Rettungsassistenten legen einen Patienten mit Verdacht auf eine Wirbelsäulenverletzung vorsichtig auf eine Spezialtrage und bringen ihn in den Hubschrauber.

Rettungswagen

Ein Rettungswagen (RTW) ist für jeden medizinischen Notfall ausgestattet. Zur Ausrüstung gehören u.a. Sauerstoff und Medikamente, Verbände und Schienen, Tragen und Decken. Als Besatzung fahren in Deutschland ein Rettungsassistent und ein Rettungssanitäter oder zwei Rettungsassistenten mit (im Notarztwagen, NAW, zusätzlich ein Arzt). Die Besatzung entscheidet über die Behandlung des Verletzten und führt Wiederbelebungs- und lebenserhaltende Maßnahmen wie Herzmassagen durch. Sie stabilisiert den Zustand eines Patienten, indem sie Wunden behandelt und schmerzstillende Medikamente verabreicht, und sie informiert das aufnehmende Krankenhaus über den Zustand des Patienten.

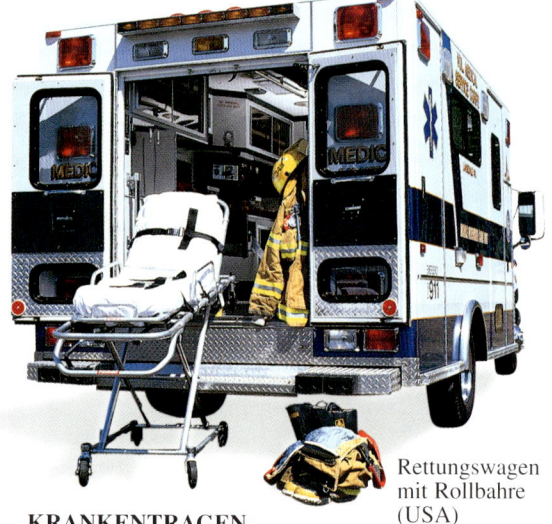

Rettungswagen mit Rollbahre (USA)

KRANKENTRAGEN
Die meisten Rettungswagen sind mit Fahrtragen ausgestattet, deren Fahrgestelle automatisch ausklappen, wenn man die Trage herauszieht, und wieder eingeklappen, wenn man die Bahre in den Wagen zurückschiebt. Seitenstützen und Gurte sichern den Kranken. Höhe, Neigung sowie Knie- und Rückenstützen können den jeweiligen Bedürfnissen angepasst werden.

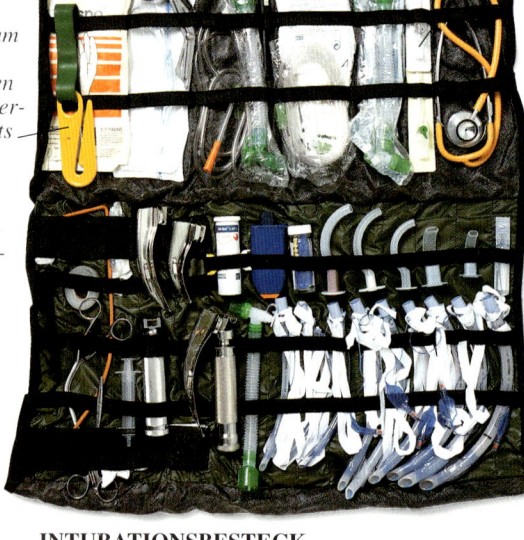

Injektionskanüle
Gerät zum Durchschneiden des Sicherheitsgurts
Blutersatzflüssigkeit

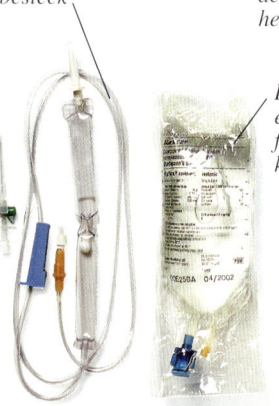

Infusionsbesteck

FLÜSSIGKEITSERSATZ
Rettungswagen führen u.a. auch Flüssigkeit mit lebenswichtigen Stoffen mit, die sich normalerweise im Blut befinden. Die Flüssigkeit ersetzt einen Teil des Blutes, das ein Opfer verloren hat.

INTUBATIONSBESTECK
Die Rettungswagenbesatzung hat ein zusammengerolltes Set für verschiedene Behandlungen dabei. Laryngoskope braucht man zur Rachenuntersuchung. Endotrachealtuben ermöglichen die Beatmung von Patienten mit schweren Kopf- oder Halsverletzungen. Die Rolle enthält u.a. auch ein Stethoskop zur Untersuchung der Lunge.

SCHMERZLINDERUNG
Bei Unfallopfern mit schweren Verletzungen müssen starke Schmerzen betäubt werden. Über die Maske der Narkoseeinheit atmet das Opfer durch Mund und Nase ein Narkosegas-Luftgemisch ein.

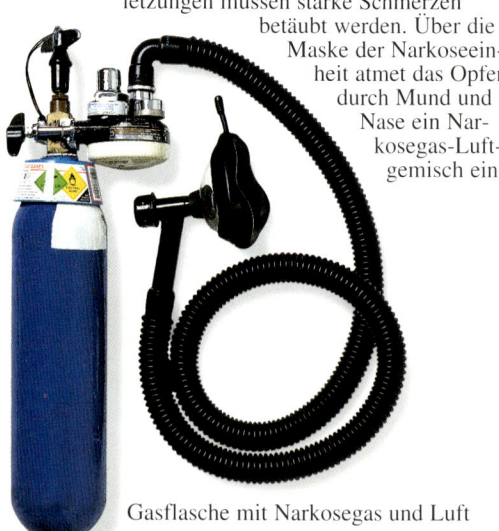

Gasflasche mit Narkosegas und Luft

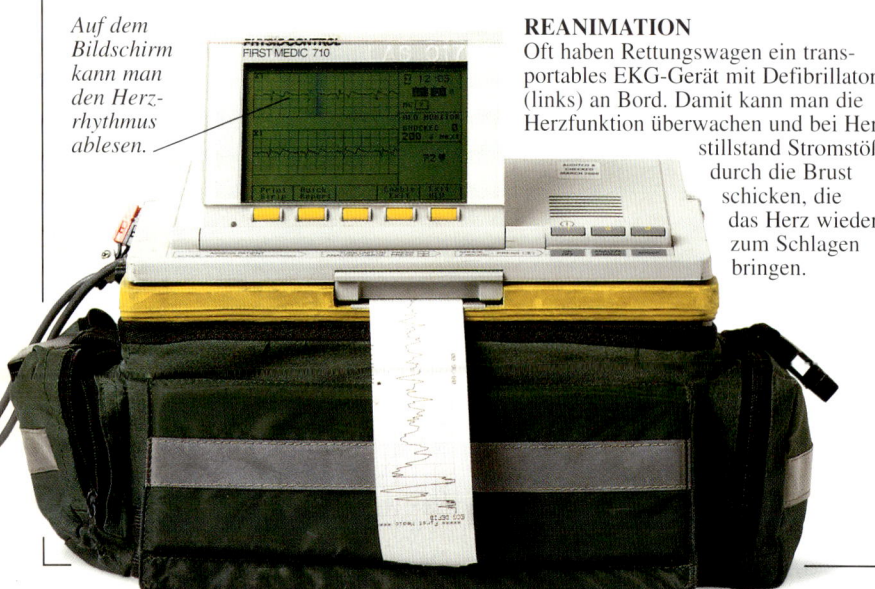

Auf dem Bildschirm kann man den Herzrhythmus ablesen.

REANIMATION
Oft haben Rettungswagen ein transportables EKG-Gerät mit Defibrillator (links) an Bord. Damit kann man die Herzfunktion überwachen und bei Herzstillstand Stromstöße durch die Brust schicken, die das Herz wieder zum Schlagen bringen.

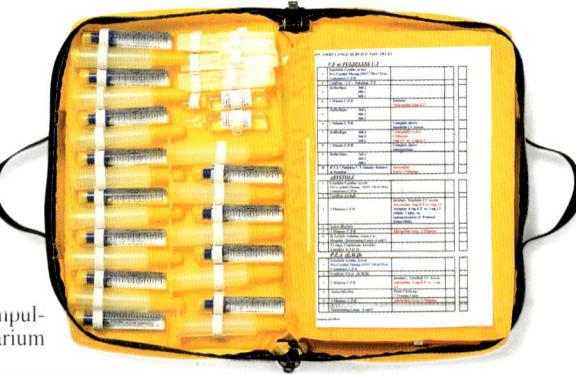

Ampullarium

HERZMEDIKAMENTE
Das Ampullarium enthält Adrenalin, das bei Herz-Kreislauf-Stillstand gespritzt wird. Die Sanitäter injizieren das Mittel in regelmäßigen Abständen, während über den Monitor des Defibrillators der Zustand des Patienten überwacht wird.

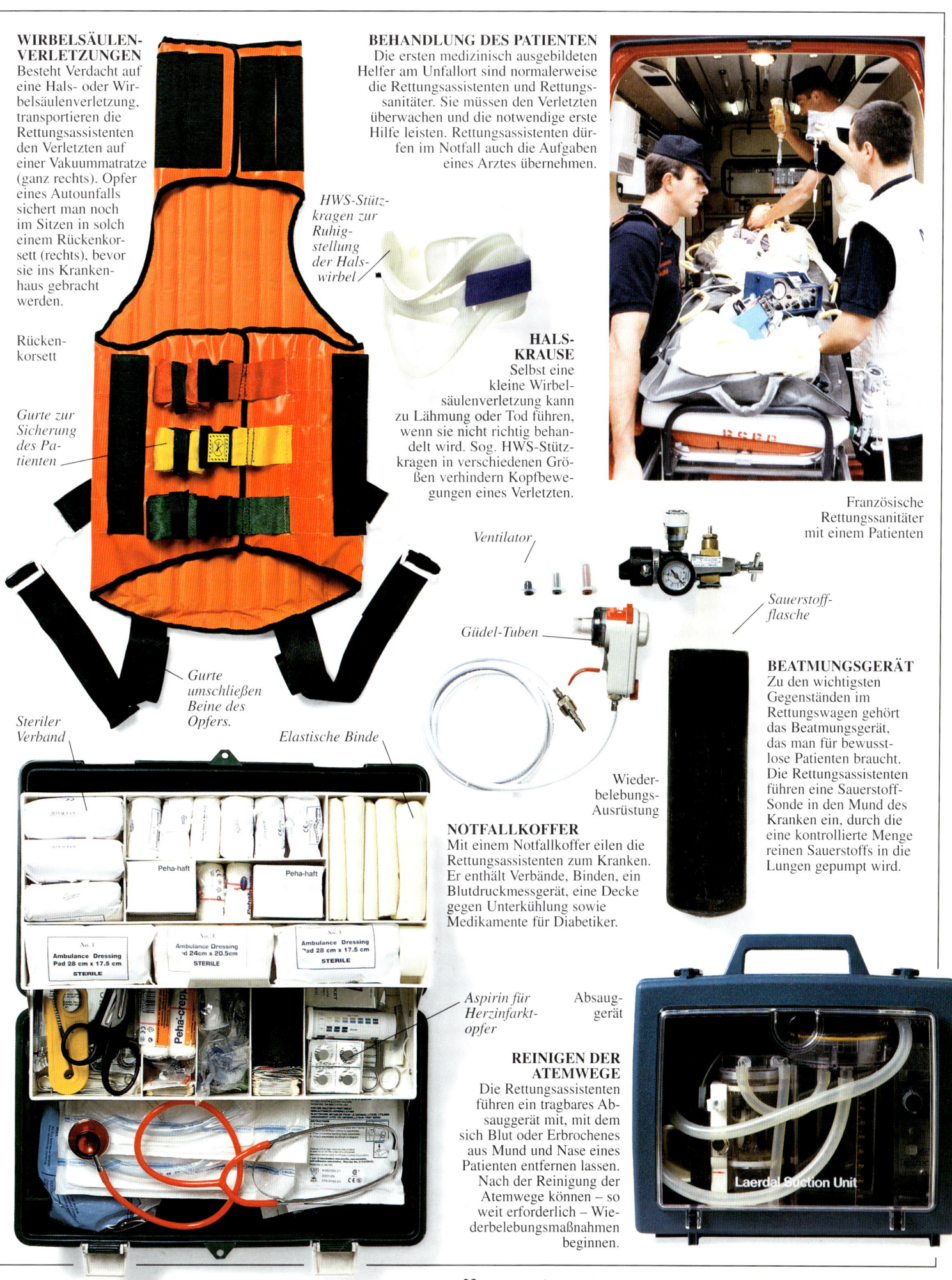

WIRBELSÄULEN-VERLETZUNGEN
Besteht Verdacht auf eine Hals- oder Wirbelsäulenverletzung, transportieren die Rettungsassistenten den Verletzten auf einer Vakuummatratze (ganz rechts). Opfer eines Autounfalls sichert man noch im Sitzen in solch einem Rückenkorsett (rechts), bevor sie ins Krankenhaus gebracht werden.

Rückenkorsett

Gurte zur Sicherung des Patienten

BEHANDLUNG DES PATIENTEN
Die ersten medizinisch ausgebildeten Helfer am Unfallort sind normalerweise die Rettungsassistenten und Rettungssanitäter. Sie müssen den Verletzten überwachen und die notwendige erste Hilfe leisten. Rettungsassistenten dürfen im Notfall auch die Aufgaben eines Arztes übernehmen.

HWS-Stützkragen zur Ruhigstellung der Halswirbel

HALSKRAUSE
Selbst eine kleine Wirbelsäulenverletzung kann zu Lähmung oder Tod führen, wenn sie nicht richtig behandelt wird. Sog. HWS-Stützkragen in verschiedenen Größen verhindern Kopfbewegungen eines Verletzten.

Französische Rettungssanitäter mit einem Patienten

Gurte umschließen Beine des Opfers.

Steriler Verband

Elastische Binde

Ventilator

Güdel-Tuben

Sauerstoffflasche

BEATMUNGSGERÄT
Zu den wichtigsten Gegenständen im Rettungswagen gehört das Beatmungsgerät, das man für bewusstlose Patienten braucht. Die Rettungsassistenten führen eine Sauerstoff-Sonde in den Mund des Kranken ein, durch die eine kontrollierte Menge reinen Sauerstoffs in die Lungen gepumpt wird.

Wiederbelebungs-Ausrüstung

NOTFALLKOFFER
Mit einem Notfallkoffer eilen die Rettungsassistenten zum Kranken. Er enthält Verbände, Binden, ein Blutdruckmessgerät, eine Decke gegen Unterkühlung sowie Medikamente für Diabetiker.

Aspirin für Herzinfarktopfer

Absauggerät

REINIGEN DER ATEMWEGE
Die Rettungsassistenten führen ein tragbares Absauggerät mit, mit dem sich Blut oder Erbrochenes aus Mund und Nase eines Patienten entfernen lassen. Nach der Reinigung der Atemwege können – so weit erforderlich – Wiederbelebungsmaßnahmen beginnen.

In der Notaufnahme

Patient mit Sauerstoffmaske

ATMUNG
Die Atmung ist eine lebenswichtige Körperfunktion. Wir atmen Luft ein, und der Körper entzieht dieser den Sauerstoff, den er braucht. Leidet ein Patient unter Atemnot, bekommt er eine Atemmaske über Mund und Nase, in die reiner Sauerstoff aus einer Flasche strömt.

In der Notaufnahme geht es hektisch zu. Kommt ein Rettungswagen an, reißen die Rettungsassistenten die Türen auf und fahren den Patienten in die Notaufnahme, während sie dem Arzt über seinen Zustand berichten. Jetzt gilt es zuerst, das Leben des Patienten zu retten, indem man lebenswichtige Körperfunktionen stabilisiert. Eventuell muss das Herz wieder zum Schlagen gebracht werden, Verunreinigungen müssen aus den Atemwegen abgesaugt und der Patient beatmet werden, es müssen Medikamente gegen allergische Reaktionen verabreicht oder schwere Wunden versorgt werden. Manchmal muss das Notaufnahmeteam den Patienten nach den notwendigen Stabilisierungsmaßnahmen sofort in den Operationssaal bringen. Durch Fortschritte bei Ausrüstung, Medikamenten und Operationstechniken können Notfälle, die vor 50 Jahren den Tod bedeutet hätten, heute erfolgreich behandelt werden.

DIE NOTAUFNAHME
Haben die Rettungsassistenten die Trage in die Notaufnahme gerollt, reagiert das Team von Ärzten und Krankenschwestern rasch auf die Informationen über die Verletzung oder die Krankheit eines Patienten und bereitet die lebensrettenden Behandlungsmaßnahmen vor.

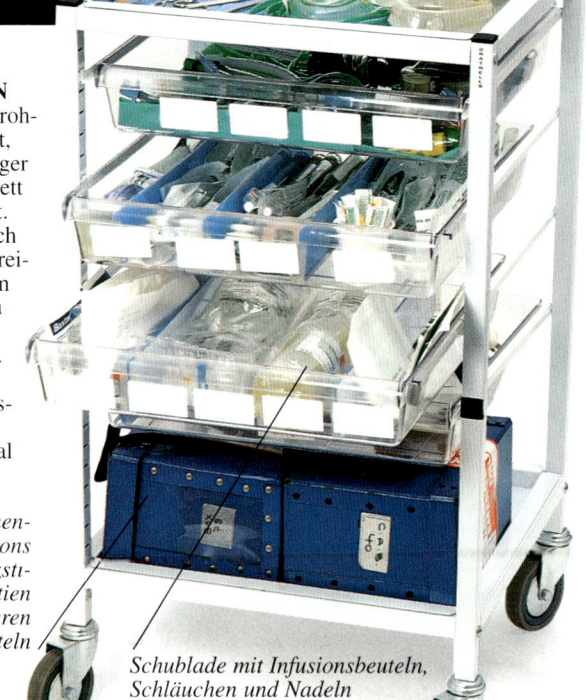

Mit dem Ballon kann man Luft in die Atemwege des Patienten pumpen.

NOTFALLWAGEN
Wenn ein lebensbedrohlicher Notfall eintritt, wird ein mehrstöckiger Rollwagen an das Bett des Patienten gerollt. Auf ihm befindet sich Ausrüstung für zahlreiche Situationen, vom Herzstillstand bis zu einer schweren allergischen Reaktion. Jeder Gegenstand darauf hat seinen festen Platz, damit das Krankenhauspersonal ihn schnell findet.

Der Ausdruck zeigt den Herzrhythmus.

Medikamentenkartons mit Herzstimulantien und anderen Arzneimitteln

Schublade mit Infusionsbeuteln, Schläuchen und Nadeln

SICHTBAR GEMACHT
Manchmal müssen Ärzte in den Körper eines Patienten hineinschauen. Mit Ultraschall wird weiches Gewebe untersucht; Röntgenstrahlen zeigen gebrochene Knochen. Mittels EKG (Elektrokardiogramm, oben) kann man die Herztätigkeit messen und eventuelle Herzstörungen erkennen.

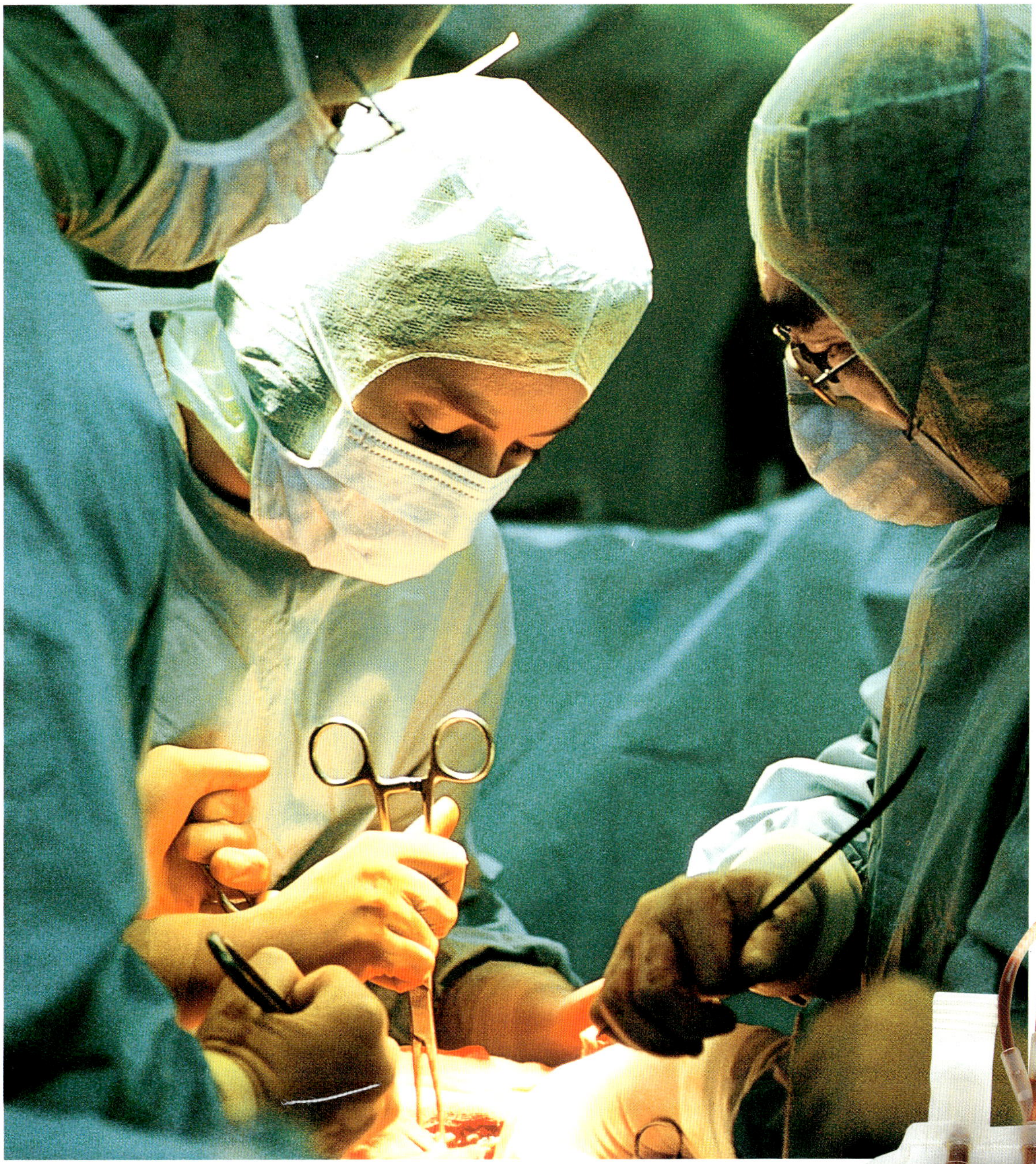

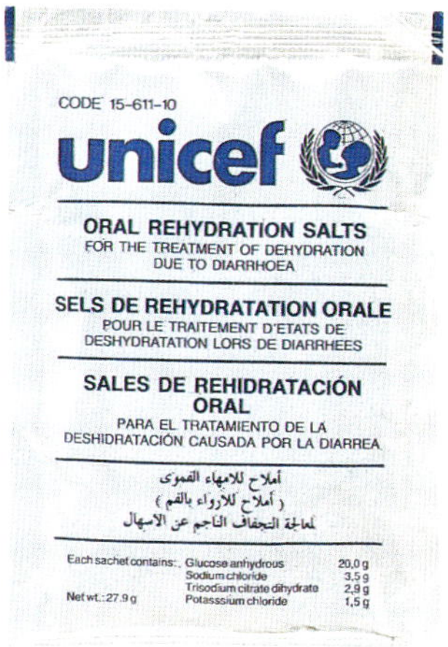

REHYDRIERUNG
Dehydrierung (Austrocknung) ist eines der häufigsten Probleme in Entwicklungsländern. Oft wird sie ausgelöst durch Typhus oder Cholera, die zu Durchfall führen können. Ein dehydrierter Körper hat lebensgefährlich viel Flüssigkeit und Mineralien verloren. Rehydrationssalze mit Mineralien wie Kalium und Natrium sowie Zucker, in Wasser gelöst, sind ein effektives Heilmittel.

Ein Chirurgenteam bei einer Operation am offenen Herzen

NOTOPERATIONEN
Ist ein Patient schwer krank oder verletzt, muss man ihn möglicherweise schnell operieren. Dank moderner Ausrüstung und fortschrittlicher Technik können Chirurgen einen Patienten sogar während einer Operation am Leben erhalten, bei der sie wichtige Organe wie Herz oder Lunge operieren.

BLUTKONSERVEN
Patienten mit hohem Blutverlust brauchen eine Bluttransfusion. Gesunde Menschen spenden für solche Fälle Blut, das in Blutbanken gelagert wird. Manchmal wird nur das Blutplasma verwendet, der flüssige Anteil des Blutes, der Salze, Zucker, Blutgerinnungseiweiße und Antikörper gegen Infektionen enthält.

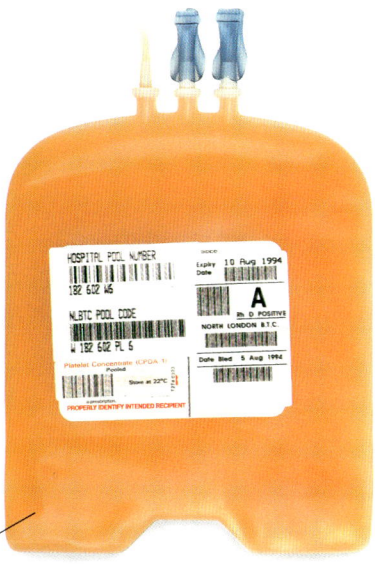

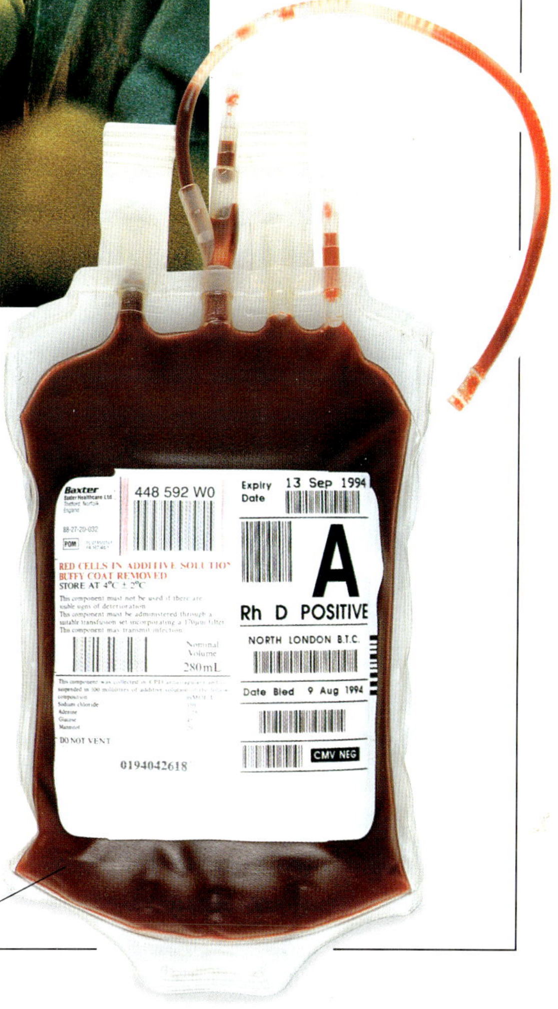

Gaben von Blutplättchen unterstützen die Blutgerinnung.

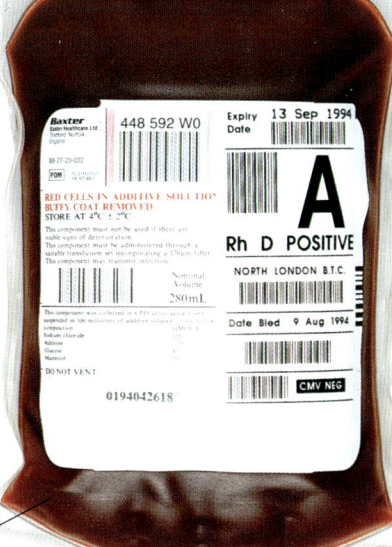

Beutel mit konzentrierten roten Blutkörperchen

Die Polizei

Oft sind alle vor Ort erleichtert, wenn ein Polizist oder eine Polizistin in Uniform am Unfallort eintrifft. Der Beamte oder die Beamtin übernimmt die Kontrolle über die Situation, informiert über Funk die benötigten Rettungskräfte, hält Gaffer auf Abstand und leitet den Verkehr um. Um Gewalttäter unter Kontrolle zu bringen, können Polizisten einen Schlagstock, CS-Gas (Tränengas) oder manchmal auch eine Schusswaffe einsetzen. Oft helfen Einheiten der Polizei auch bei Such- oder Rettungsmaßnahmen, besonders in ausgedehnten, unbewohnten Waldgebieten. Spezialeinheiten wie die berittene Polizei, Hundeführer und Hubschrauberbesatzungen können ebenfalls in solchen Situationen herbeigerufen werden, um zu helfen.

Französisches Polizeiabzeichen

STREIFENWAGEN
Durch auffällige Lackierung, reflektierende Kennzeichen und ein deutliches Abzeichen sind Polizeiwagen leicht von anderen Fahrzeugen zu unterscheiden.

Blaulicht

POLIZEIMOTORRAD
Ein Polizeimotorrad kommt leichter durch dichten Verkehr sowie durch enge Gassen und unwegsames Terrain als andere Fahrzeuge. In manchen Ländern gibt es Cross-Country-Polizeimotorräder, die bei Rettungsoperationen in den Bergen oder in der Wildnis eingesetzt werden.

Griechischer Verkehrspolizist

Schutzhelm

Schutzvisier

VERKEHRSREGELUNG
Polizisten regeln den Verkehr an einer Unfallstelle oder kontrollieren stark befahrene Straßen. Mit Trillerpfeifen verschaffen sich die Beamten Gehör und weiße oder reflektierende Handschuhe verdeutlichen ihre Handbewegungen.

Jacke mit Reflektorstreifen

MIT VIERBEINIGEN SPÜRNASEN
Polizeihunde (meist Deutsche Schäferhunde) sind ausgebildet vermisste Personen zu finden, mit ihrer feinen Nase folgen sie einer Geruchsspur. Jeder Hund wird von seinem Hundeführer trainiert und betreut, wobei eine enge Beziehung entsteht. Polizeihunde verfolgen auch Kriminelle und packen sie am Arm, um sie an der Flucht zu hindern.

BERITTENE POLIZEI
Hoch zu Ross kann ein berittener Polizist eine Menschenmenge gut überwachen und im Notfall schnell Hilfe holen. Bei einem Tumult können Polizisten auf ihrem Pferd, das wie der Reiter eine Schutzausrüstung trägt, schneller eingreifen als Beamte zu Fuß.

Beinschützer

AUS DER VOGELPERSPEKTIVE
In diesem Hubschrauber, der Polizei und Rettungsdienst gehört, sitzen ein Pilot, ein Polizist und ein Sanitäter. Hubschrauber können bei einer Such- und Rettungsmaßnahme ein weites Gebiet schneller absuchen als Beamte zu Fuß oder mit Fahrzeugen. Mit einer Wärmebildkamera kann die Mannschaft Vermisste oder Verdächtige sogar bei Dunkelheit oder schlechtem Wetter aufspüren.

Wärmebildkamera

Elektronische Landkarte

Video-/Infrarotanzeigetafel

IM COCKPIT
Durch ein Lautsprechersystem kann die Mannschaft Menschen am Boden etwas zurufen oder einen Sirenenton aussenden. Zur Ausrüstung gehört u.a. auch ein Satelliten-Navigations-System (GPS) mit einer elektronischen Landkarte, die dem Piloten seine genaue Position anzeigt und ihn zu dem Punkt lenkt, an dem er gebraucht wird.

ARBEIT AM UNFALLORT
Am Unfallort regeln Polizeibeamte den Verkehr und sperren dann die Straße mit Flatterband oder Pylonen ab. Dies erleichtert auch den anderen Rettungskräften ihren Einsatz und den Abtransport der Verletzten. Zudem werden andere Menschen oder Fahrzeuge daran gehindert, sich der Stelle zu nähern, bevor sie abgesichert ist.

Ein Auto der Verkehrswacht kommt, um die Straße zu räumen.

Polizeibeamte organisieren den Abtransport eines Unfallwagens.

Sondereinsatzkommandos

Ein Terrorist dringt in ein Flugzeugcockpit ein und schreit: „Eine Bombe ist an Bord, tun Sie, was ich sage!"; Bankräuber ziehen ihre Waffen und brüllen: „Alle auf den Boden legen!" – Dies sind Fälle für Sondereinsatzkommandos (SEKs) der Polizei oder des Militärs. Wenn möglich versuchen erst eigens geschulte Beamte mit den Angreifern zu verhandeln – eine angespannte Situation. Die Terroristen oder Kriminellen werden von bewaffneten Spezialkräften umzingelt und können nicht entkommen. Doch Geiseln sind ein Trumpf, denn dann zögert das SEK anzugreifen, um keine unschuldigen Menschen zu gefährden. Scheitern die Verhandlungen jedoch oder werden Geiseln verletzt, greift das Sondereinsatzkommando ein und versucht die Attentäter zu überwältigen.

SAS-ABZEICHEN
Das Motto des geheimen Einsatzkommandos der britischen Armee (SAS = *Special Air Service*) lautet: „Wer wagt, gewinnt."

Zielvorrichtung

ERSTÜRMUNG DER IRANISCHEN BOTSCHAFT
1980 besetzten Terroristen die iranische Botschaft in London. Als sie zwei Geiseln töteten, griff der SAS ein. Sie schwangen sich an Seilen vom Dach hinunter und verschafften sich mit Hämmern und Sprengstoff Zutritt. Sechs Tage nach Beginn der Belagerung retteten sie die Geiseln.

Spezialeinheit beim Training in El Salvador

SWAT-TEAMS
Die Sondereinsatzkommandos der US-Polizei heißen SWAT-Teams (SWAT = *Special Weapons and Tactics*). Sie werden gerufen, wenn normale Polizisten mit einer Situation überfordert sind. Dieses SWAT-Team-Mitglied greift ein, um die Verhandlungen mit einem Bewaffneten zu ermöglichen.

TRAINING
Neben einem harten körperlichen Training müssen Mitglieder eines Sondereinsatzkommandos auch das Überleben und den Einsatz in Wüsten, Bergen, Urwäldern und auf dem Wasser üben. Außerdem lernen sie auch Fremdsprachen, erste Hilfe, Morsen, Fallschirmspringen und den Umgang mit Waffen und Sprengstoff.

Rettungsschwimmer

Am Strand oder in einem Schwimmbad ist es oft schwer, zwischen fröhlich planschenden Menschen und einer Person in Not zu unterscheiden. Ein Unglück ist schnell passiert: Menschen schwimmen zu weit hinaus, treiben ab oder werden von gefährlichen Strömungen oder Wellen erfasst. Sie werden plötzlich von Krämpfen oder Übelkeit gepackt. Sie stoßen sich an spitzen Felsen, kommen mit einer Nesselqualle in Berührung oder werden gar von Haien angegriffen. Doch Rettungsschwimmer überwachen Strände und Schwimmbäder und sind jederzeit bereit ins Wasser zu springen und Badende bei Gefahr zu retten, sie sicher an Land zu bringen und erste Hilfe zu leisten.

AUF BEOBACHTUNGSPOSTEN
Von einem Aussichtsturm wie hier an einem Strand auf Hawaii können Rettungsschwimmer eine weite Strecke des Geländes überblicken. Mithilfe von Ferngläsern können sie auch weit aufs Meer hinausschauen.

RETTUNGS-SCHWIMMER
Dieses Zeichen besagt, dass ausgebildete Rettungsschwimmer Dienst tun, die sowohl Auskunft über die Wasserverhältnisse geben, als auch Menschen retten können.

RETTUNGSBOOT
In Australien werden am Strand oft Menschen von der hohen Brandung überrascht. In gefährlichen Gebieten gibt es große Ruderboote für mehrere Rettungsschwimmer. Die Boote sind so gebaut, dass sie hohe Wellen überwinden können, ohne zu kentern. Die australischen Rettungsschwimmer müssen besonders kräftig sein, um bei der Rettung gegen starke Strömungen und Riesenwellen ankämpfen zu können.

WARNSCHILDER
An beliebten Stränden warnen Schilder vor Gefahren wie starker Strömung oder hoher Brandung.

AM STRAND
Hat ein Rettungsschwimmer eine Person sicher an Land gebracht, leistet er erste Hilfe, indem er den Menschen so hinlegt, dass Wasser aus der Lunge laufen kann. Manchmal muss der Retter auch Wiederbelebungsmaßnahmen ergreifen oder Wunden verbinden. Danach kommt der Patient, wenn nötig, ins Krankenhaus.

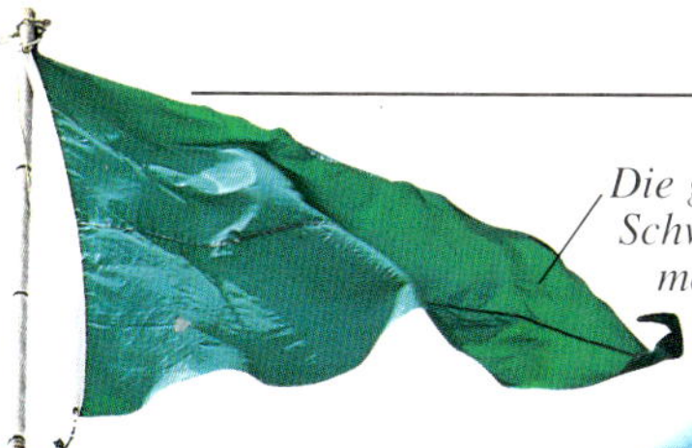

Die grüne Flagge bedeutet: Schwimmen gefahrlos möglich.

GEFAHRLOS SCHWIMMEN
An bewachten Stränden informieren jeden Tag farbige Fahnen über die Bademöglichkeiten.

KOPF ÜBER WASSER
Wenn man eine Person aus dem Wasser retten will, muss man ihren Kopf immer über Wasser halten, damit sie kein Wasser schluckt oder einatmet. Der Retter muss die Person gut festhalten, weil ein Ertrinkender oft zappelt und auch den Retter gefährden kann.

Eine Retterin schleppt ein Opfer ab.

Schutzhelm

Der Retter hält das Ruder fest.

Das Opfer hält sich mit beiden Händen am Ruder fest und wird zum Boot gezogen.

GUT FESTHALTEN
Fällt jemand in tiefes Wasser in einem Schwimmbad, einem Hafenbecken oder einem See, vielleicht auch aus einem Boot heraus in einen Fluss oder einen Kanal, kann man ihn oder sie manchmal retten, ohne selbst nass zu werden. Der Retter kann dem Opfer ein Ruder, eine lange Stange o.Ä. hinhalten und es herausziehen.

GEFÄHRLICHE JET-SKIS
In manchen Ferienorten sind kleine, schnelle Jet-Skis populär. Allerdings können sie auch Urlauber mit wenig oder gar keiner Fahrerfahrung ausleihen. Schon oft haben Unerfahrene beim Umherkurven zwischen vielen Badegästen Unfälle verursacht, bei denen sie selbst und andere verletzt wurden. Dies stellt besonders hohe Anforderungen an die Rettungsschwimmer.

Seenotrettung

BEI WIND UND WETTER HINAUS
Für solche Seenotrettungskreuzer ist schwerer Seegang kein Problem. Kentert das Schiff, richtet es sich automatisch wieder auf. Dieser Schiffstyp ist auch in flachem Wasser einsetzbar. Mit bis zu 33 km/h fährt er 80 km weit hinaus auf See und kann bis zu 78 Überlebende aufnehmen.

Geht beim Seenotrettungsdienst (z.B. DGzRS = Deutsche Gesellschaft zur Rettung Schiffbrüchiger) der Notruf eines Schiffes ein, steht die Mannschaft sofort bereit. Manche Rettungsboote sind in der Nähe verankert, andere werden über Rutschen zu Wasser gelassen. Auf dem Weg zum Einsatzort hält die Mannschaft mit dem Havaristen und mit anderen Rettungsdiensten Funkkontakt. Luft- und Seenotrettungsdienste arbeiten in Küstenregionen eng zusammen. Hubschrauber transportieren Opfer rasch ab, während sich die Mannschaften der Rettungsboote um verletzte Seeleute und beschädigte Schiffe kümmern.

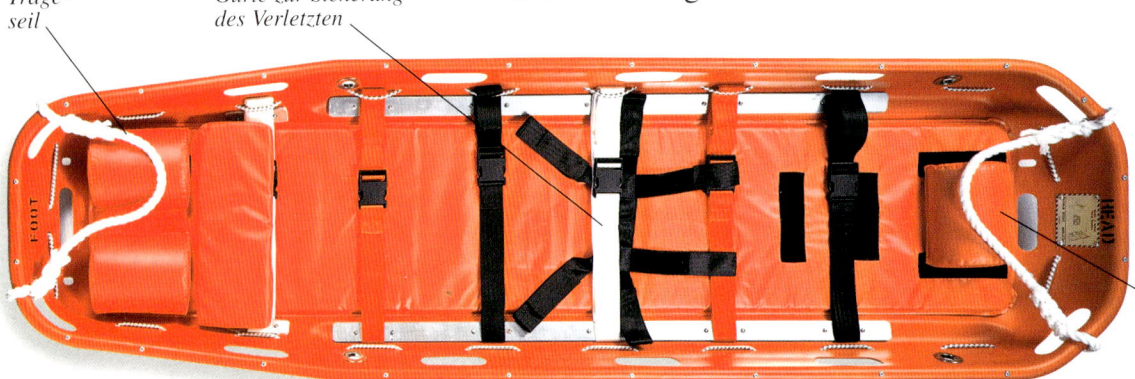

Trageseil *Gurte zur Sicherung des Verletzten*

TRAGE
Für Patienten mit Beinbrüchen oder Wirbelsäulenverletzungen braucht man spezielle Tragen.

Kopfstütze

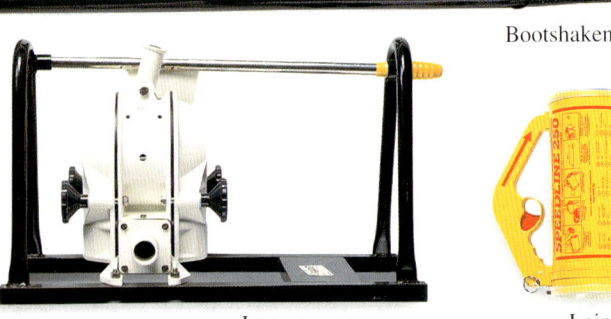

Bootshaken

Lenzpumpe Leinenwurfgerät Schwimmweste

FÜR ALLE FÄLLE
Das Rettungsboot ist für jeden Fall gerüstet. Die Hand-Lenzpumpe pumpt Wasser aus leckgeschlagenen Booten, sodass sie höher im Wasser liegen. Retter benutzen Bootshaken, um kleine Boote oder Menschen zum Rettungsboot zu ziehen. Ist jemand weiter abgetrieben, kann das Leinenwurfgerät eine Leine 230 m weit schießen. Die Mannschaft wirft Schwimmwesten aus, damit sich die Menschen bis zu ihrer Rettung über Wasser halten können.

KLEIN UND SCHNELL
Bei Rettungen im Küstenbereich, etwa Rettungen von Felsen oder einem abgetriebenen Schlauchboot, setzt man halbstarre Rettungsboote ein. Sie können dicht an Felsen und in flachem Wasser manövrieren, ohne auf Grund zu laufen, und sind bis zu 54 km/h schnell.

Der aufblasbare Luftsack richtet das Boot nach dem Kentern wieder auf.

Schutzhelm

Der Steuermann überwacht die Kontrollanzeige.

An der Rettungsleine können sich Überlebende im Wasser festhalten.

Radarschirm

Plastikrumpf

Der Pilot kann den Winkel der Rotorblätter verstellen, um die Richtung zu ändern.

Die Winde wird vom Hubschrauber aus bedient.

Luftkammer zum Stabilisieren auf dem Wasser

Am Stahlkabel kann der Retter sich bis zu 75 m tief abseilen.

Scheinwerfer erhellen Rettungsorte bei Nacht.

Der Retter hakt den Überlebenden ein und stützt ihn zusätzlich mit den Beinen.

Schwimmer für die Wasserlandung

Das Fahrwerk klappt während des Fluges ein.

HOCH HINAUS

Hubschrauber können weitere Strecken zurücklegen als Rettungsboote und werden daher meist bei Rettung auf hoher See eingesetzt, aber auch, wenn Felsen die Boote behindern. Mit der Hubschrauberwinde seilt sich ein Retter ab und holt Überlebende an Bord. Seenotrettungs- und Hubschrauberrettungskräfte arbeiten in Küstennähe eng zusammen. Der Hubschrauber bringt Verletzte rasch ins Krankenhaus.

SUCHE NACH ÜBERLEBENDEN

Moderne Rettungsboote haben Hi-Tech-Ausrüstung an Bord, mit der sie jedes Schiff in Seenot finden können. Während sie zu Hilfe eilen, hält die Mannschaft mit dem Schiff und anderen Rettungskräften Funkkontakt. Die Crew ist dazu ausgebildet, den Kurs auf einer Karte abzustecken und moderne Funk- und Navigationsgeräte, z.B. Radar, zu bedienen.

LÖSCHSCHIFF

Wenn auf einem Schiff ein Feuer ausbricht, können Retter ein Löschschiff rufen. Aus einem unerschöpflichen Wasserreservoir kann es bis zu 34.000 l Wasser pro Sekunde pumpen – fünfmal so viel wie ein Löschfahrzeug. Das Boot ist auch mit Schaumtanks für das Löschen von brennenden öligen Substanzen ausgerüstet.

Auf hoher See

Ein Sturm auf See kann tagelang dauern. Riesenwogen überspülen das Deck und tosende Böen wirbeln Schiffe wie Spielzeuge umher. Doch selbst ein stark beschädigtes Schiff kann noch Schutz bieten. Dort gibt es Wasser, Nahrung, lebensrettende Ausrüstung und ein Funkgerät, sodass man an Bord am sichersten ist. Kentert das Boot, besteht die Gefahr, dass die ins Wasser gefallenen Menschen in den hohen Wellen ertrinken, bevor Hilfe naht. Doch auch eine ruhige See kann gefährlich sein: Kälte und Erschöpfung machen den Körper taub. Ein Schiff in Seenot sendet regelmäßige Signale aus, um andere Schiffe oder die nächste Seenotrettungsstation zu alarmieren. Wird der Aufenthalt an Bord zu gefährlich, gibt der Kapitän das Zeichen, das Schiff zu verlassen, und die Menschen steigen mit Überlebensausrüstung, Nahrung und Trinkwasser in die Rettungsboote.

RETTUNG IN DER NOT
Der britische Segler Pete Goss hatte beim Solo-Yacht-Rennen 1996/97 gerade einen Sturm in der Südsee durchquert, als er einen Notruf empfing. Goss segelte zurück in den Sturm, um seinen französischen Konkurrenten Raphael Dinelli zu retten, der sich verzweifelt an ein Rettungsfloß klammerte.

Nebelhorn

Leuchtraketen

HIER SIND WIR!
Die Mannschaft eines havarierten Schiffes lässt Leuchtraketen aufsteigen, um die Aufmerksamkeit eines Seenotretters auf sich zu lenken. Nebelhörner verursachen ohrenbetäubenden Lärm, der andere Schiffe selbst bei Dunkelheit oder schlechtem Wetter warnt.

RETTUNGSRING
Auf Schiffsdecks gibt es Rettungsringe, die man in Not geratenen Menschen im Wasser zuwerfen kann. Sie bestehen aus mit gewachstem Segeltuch überzogenem Kork. Durch das Seil kann man sie leichter greifen und sich über Wasser halten.

KEIN TROPFEN ZU TRINKEN
Bei Menschen, die in einem Ozean voller Wasser treiben, das zu salzig zum Trinken ist, gehört Dehydration zu den häufigsten Leiden. Die meisten Rettungsflöße sind mit Trinkwasserbeuteln ausgerüstet, die sorgsam rationiert werden müssen, bis Hilfe eintrifft.

NOTSIGNALE
Schon Jahrhunderte vor Erfindung des Funks wurden Signalflaggen an Schiffsmasten gehisst, um vorbeifahrenden Schiffen Nachrichten zu übermitteln. Dieses System wird heute noch gebraucht. Manche Flaggen werden einzeln benutzt, andere zu einer deutlicheren Botschaft miteinander kombiniert.

Ich brenne, Abstand halten!   Ich brauche ärztliche Hilfe.

EISBERGALARM
Ihre besondere Konstruktion sollte die *Titanic* angeblich unsinkbar machen; deshalb gab es nur für die Hälfte der Menschen an Bord Rettungsboote. Doch auf ihrer Jungfernfahrt im April 1912 riss ein Eisberg eine Seite des Schiffes auf und es begann zu sinken. Telegrafen sendeten Notrufe an Schiffe in der Nähe, doch als die *Carpathia* zu Hilfe kam, waren nur noch 706 von 2223 Menschen am Leben.

Lüftungs- und Ausguckröhre

AUFBLASBARES RETTUNGSFLOSS
Seetüchtige Schiffe müssen genügend kleine Boote für alle an Bord haben. Diese Rettungsfahrzeuge, die selbst für schwere See gebaut sind, können große, stabile Boote oder auch kleine aufblasbare Schlauchflöße sein. Viele sind mit Notfallausrüstung, Proviant und einem Verdeck ausgestattet, das vor sengender Sonne, kaltem Wind und peitschendem Regen schützt.

Mann über Bord   Rettungsfloß für vier Personen

Rettung in den Bergen

Plakette eines Rettungspostens

Eine Wanderung durch die Berge mag bei strahlendem Sonnenschein ungefährlich erscheinen, doch wenn plötzlich Nebel heraufzieht, können sich schlecht ausgerüstete Wanderer verirren und in unsichere Bergregionen geraten. Bergsteiger sind besser ausgerüstet und auf Notfälle vorbereitet, dennoch geschehen immer wieder Unfälle. Auch Skilaufen kann gefährlich sein, Knochenbrüche kommen häufig vor. Das Verlassen der abgesteckten Pisten ist sehr riskant, da unter dem Schnee Gefahren lauern können und lockerer Schnee sich in eine Lawine verwandeln kann. Die größte Gefahr in den Bergen geht vom Wetter aus. Oft müssen Rettungskräfte bei Lawinenunglücken eingreifen oder wenn Menschen in dichtem Nebel, Schneesturm oder nach starken Regenfällen vermisst werden.

BERGWACHT
In beliebten Ski- und Bergsteigerregionen gibt es professionelle Rettungsteams; in anderen Regionen stehen Freiwillige bereit. Die Retter müssen zumindest das Gelände genau kennen und eine Erste-Hilfe-Ausbildung haben. Sie fahren mit dem Auto so nahe an ihren Einsatzort heran, wie sie können, laden dann die Ausrüstung ab und gehen zu Fuß weiter.

Dachgepäckträger für große Ausrüstungsteile

Funkantenne

LAWINEN
An einem steilen, schneebedeckten Berghang reicht ein Windstoß, ein lautes Geräusch oder eine plötzliche Bewegung, um eine Lawine aus Schnee, Eis und Felsgestein auszulösen, die mit bis zu 320 km/h den Hang hinunterrast. Im Winter rutscht Neuschnee von alten, festen Schneelagen, während bei Tauwetter die ganze Schneemasse in Bewegung geraten kann.

Winde

KLETTER-AUSRÜSTUNG

Manchmal muss ein Rettungsteam steile, vereiste Hänge überwinden oder in enge Spalten klettern, um Menschen zu retten. Dafür braucht man Kletterausrüstung: Seile, Leitern und Eispickel.

Ein Eispickel gibt Halt an Eishängen oder Gletschern.

DIE GEWALT DES SCHNEES

Lawinen können höchst zerstörerisch sein. Sie können Bäume entwurzeln und Häuser umreißen. In Gebieten, in denen Straßen oder Gebäude von Lawinen bedroht sind, lösen Spezialisten kontrollierte Minilawinen aus, um instabile Schneemassen abzusprengen und so den Aufbau großer Lawinen zu verhindern.

Sprossen aus rostfreiem Metall

Elastisches Nylonseil

RETTUNG AUS DER LUFT

Hubschrauber sind das schnellste und beste Transportmittel, um Verletzte aus den Bergen zu holen oder einen Suchtrupp abzusetzen. Manchmal werden auch Hunde abgeseilt, um Vermisste im Schnee zu suchen. Doch bei starkem Wind, Schneefall, dichten Wolken oder Lawinengefahr kann man Hubschrauber nicht einsetzen.

Flugzeugkatastrophen

Ursachen der meisten Flugzeugunglücke sind schlechtes Wetter, Pilotenfehler oder technisches Versagen. Die gefährlichsten Unfälle ereignen sich beim Start, denn der Treibstoff in den vollen Tanks kann sich leicht entzünden. Zur Ausbildung des Piloten gehört auch das Verhalten im Notfall. Es wird in einem Flugsimulator geübt, der auf hydraulischen Hebevorrichtungen sitzt und die Bewegungen sehr realistisch nachahmt. Zugleich sieht der Pilot Bilder auf einem Monitor und hört Geräusche. Pilot und Besatzung sind dafür ausgebildet, nach einem Absturz oder einer Notlandung für die Sicherheit der Menschen zu sorgen und sie zu betreuen, bis Rettungskräfte eintreffen. Manchmal sind Überlebende schwer zu finden, weil der Funkkontakt abgebrochen ist oder die Crew nach dem Tod des Piloten nicht genau weiß, wo sie sich befindet.

LANDUNG IM DSCHUNGEL
1989 ging einer Boeing 737 aus São Paulo/Brasilien über dem Dschungel des Amazonas der Treibstoff aus. Der Pilot musste in den Baumwipfeln landen. Die Zweige dämpften den Aufprall. 41 von 54 Menschen überlebten. Als die Retter kamen, litten sie lediglich unter Durst und Insektenstichen.

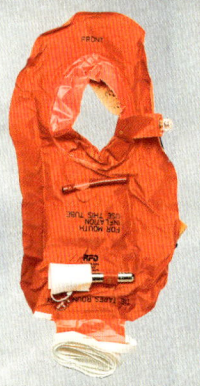

Schwimmweste

Feuerlöscher

Sauerstoffmaske

SCHUTZ DER PASSAGIERE
Im Flugzeug gibt es viele Sicherheitsvorkehrungen, um Problemen wie Druckverlust, Notlandungen und Feuer zu begegnen. Für alle Passagiere gibt es Schwimmwesten unter den Sitzen und Sauerstoffmasken, die bei Druckabfall von der Decke herunterfallen. Bei Wasserlandungen werden aufblasbare Notflöße ausgesetzt.

Hitze reflektierende Kleidung

SCHUTZKLEIDUNG
Angehörige der Flughafenfeuerwehr tragen Spezialkleidung, die vor heißen Flammen und Rauch schützt. Dieser amerikanische Feuerwehrmann trägt Hitzeschutzkleidung und ein Atemschutzgerät. Die Feuerwehr übt den Einsatz in den verschiedensten Notfällen.

Mehrzweck-Seil

Löschdecke

Sprühstrahlrohr

SPEZIELLE SPRITZEN
Die Armaturen am Ende der Löschschläuche nennt man Strahlrohre. Je nach Art des Feuers werden verschiedene Typen eingesetzt.

Schaumstrahlrohr

Feuerlöscher

Werkzeugkiste

NOTLANDUNG
1996 wurde eine äthiopische Maschine, die aus der Hauptstadt Addis Abeba kam, entführt. Der Pilot kämpfte mit den Entführern um die Kontrolle über das Flugzeug. Dann gelang ihm auf den Komoren im Indischen Ozean eine Notlandung, 300 m von einem Strand entfernt. Von dort schwammen Urlauber hinaus und retteten die Überlebenden.

Aufblasbare Airbags der Flughafenfeuerwehr

AIRBAGS
Mit diesen Airbags kann man ein beschädigtes Flugzeug abstützen. Man zwängt ein Luftkissen unter eine Tragfläche, pumpt es auf und hebt das Flugzeug damit an, um leichter zu beschädigten Teilen zu gelangen.

Warnlicht

Die Scheinwerfer erhellen die Umgebung im Dunkeln.

Auf dreifache Länge ausziehbare Leiter

Blaulicht

DIE RUTSCHE HINUNTER
Die Notausgänge von Passagierflugzeugen sind mit aufblasbaren Notrutschen ausgerüstet, über die Passagiere bei einer Notlandung das Flugzeug verlassen können. Tests zeigen, dass das Flugzeug in Minuten geräumt werden kann, wenn alle auf die Besatzung hören. Leider verschwenden die Fluggäste oft Zeit, indem sie ihr Gepäck zusammensuchen.

TEAM IM EINSATZ
Bei einem Absturz oder einem Feuer alarmiert die Flugsicherung die Flughafenfeuerwehr, deren Löschfahrzeuge innerhalb von drei Minuten an jedem Punkt des Flughafens sein können. Die meisten Fahrzeuge führen einen Wasservorrat mit, da sich in der Nähe des Unglücks oft keine Wasserquelle befindet. Feuerwehrleute können den Brandherd bekämpfen, indem sie den Wasserwerfer auf dem Dach des Fahrzeugs einsetzen.

Die Wasserwerfer können einen Wasser- oder einen Schaumstrahl abgeben.

Schlauchanschluss am Hauptwasserhydranten

Internationale Hilfe

Ist die Bevölkerung eines ganzen Landes von Katastrophen wie Hungersnot, Überschwemmungen, Dürre oder Krieg betroffen, entsenden Hilfsorganisationen aus aller Welt so schnell wie möglich Rettungsteams in die betroffenen Gebiete. Zuerst wird für Grundbedürfnisse wie Nahrung, Trinkwasser, medizinische Versorgung und sichere Unterkunft gesorgt. Dann stellen Hilfsorganisationen Saatgut, Baumaterialien und weitere Hilfsmittel für den Wiederaufbau des Landes zur Verfügung. Teilweise helfen Regierungen anderer Länder, doch die meiste Hilfe kommt von nichtstaatlichen Organisationen wie dem Roten Kreuz oder „Ärzte ohne Grenzen", die meist vom Einsatz Freiwilliger und von Spenden abhängig sind. Auch kirchliche Institutionen versuchen unabhängig von der Religion und vom politischen und wirtschaftlichen System des betroffenen Gebietes zu helfen. Wenn ein Staat einem anderen hilft, spielt die Politik dagegen meist eine große Rolle; so wird in Kriegen nur die Seite unterstützt, mit der man politisch zusammenarbeiten kann.

Menschen in einem Flüchtlingslager im Sudan warten auf Essen.

HILFE GEGEN DEN HUNGER
In den heißesten, trockensten Gebieten der Welt ist jeder Tropfen Regen entscheidend für die Ernte. Bei einer Dürre fallen Ernten aus, Nahrungsmittelvorräte werden aufgebraucht und die Menschen sterben vor Hunger. Arme Länder wenden sich an internationale Hilfsorganisationen und bitten um Nahrungsmittel und sauberes Trinkwasser.

DAS ROTE KREUZ
Nachdem 1997 ein Tsunami (eine Flutwelle) die Küste Papua-Neuguineas verwüstet hatte, mangelte es an sauberem Trinkwasser. Das Rote Kreuz bohrte Brunnen, sodass die Frauen auch ohne lange Märsche Zugang zu Wasser hatten. Das Rote Kreuz wurde 1863 zur Versorgung von Kriegsverletzten gegründet. Heute leistet es bei den verschiedenen internationalen Notfällen humanitäre Hilfe.

Räumung von Landminen in Kambodscha

LANDMINEN
Auch nach Ende der Kämpfe können Minen, die während des Krieges gelegt wurden, Menschen töten und verstümmeln. Deshalb müssen sie geräumt werden. Internationale Organisationen wie der „Halo Trust" oder „Menschen gegen Minen" räumen und vernichten die Minen.

Ein Arzt von „Ärzte ohne Grenzen" versorgt eine erschöpfte Frau mit einer Salzlösungsinfusion.

„ÄRZTE OHNE GRENZEN"
Ob Hungersnot, Überschwemmung, bewaffneter Konflikt, Naturkatastrophe oder Seuche – die Rettungsteams von *Médecins sans Frontières* (Ärzte ohne Grenzen), der größten medizinischen Hilfsorganisation, sind unter den ersten Helfern. Hier wird eine Frau bei der Überschwemmung in Mosambik im März 2000 versorgt.

FRIEDENSTRUPPEN
Die Vereinten Nationen (UNO), 1945 zur Erhaltung des internationalen Friedens gegründet, werden von den Regierungen der Mitgliedsländer bezahlt. Wenn ein Krieg droht oder ausbricht, kann die UNO Truppen entsenden, um Zivilpersonen zu schützen und den Frieden wiederherzustellen. UNO-Truppen tragen blaue Helme und patrouillieren in speziell gekennzeichneten Fahrzeugen.

EIN SICHERER ORT
Flüchtlinge werden von Katastrophen wie einer Flut oder einer Hungersnot oder wie diese Tutsi 1994 während des Krieges in Ruanda durch Krieg und Verfolgung aus ihrer Heimat vertrieben. Organisationen wie das Rote Kreuz oder die UNO errichten Lager, in denen die Menschen bleiben, bis sie wieder nach Hause können.

Flüchtlinge tragen ihre Habe und suchen eine sichere Bleibe.

Tiere im Rettungseinsatz

Bernhardiner

Hunde sind kluge Tiere, leicht abzurichten und mit einem feinen Geruchssinn ausgestattet. Daher haben viele Rettungsmannschaften eine Hundestaffel. Im 17. Jahrhundert begannen Mönche im Kloster am Großen St. Bernhard in den Schweizer Alpen die von ihnen gezüchteten Bernhardiner bei der Rettung von unter Schnee begrabenen Menschen einzusetzen. Im Zweiten Weltkrieg machten sich Hunde nützlich, indem sie nach Bombenangriffen Menschen unter Trümmern suchten. Auch heute noch setzt man Hunde bei der Suche nach Überlebenden von Lawinenunglücken und Erdbeben ein. Doch auch andere Tiere werden gemäß ihrer besonderen Fähigkeiten bei Rettungsmaßnahmen eingesetzt. So überbrachten Brieftauben im Krieg Botschaften. Die Tiere, die unter Einsatz ihres Lebens ihre Besitzer retten, können sogar berühmt werden.

Ein Miniatur-Fallschirm sorgt für eine sanfte Landung des Vogels.

Der Fallschirm ist über leichte Schnüre am Geschirr befestigt.

Gepolstertes Geschirr zum Schutz des Vogels

TAUBEN IM KRIEG
Im Krieg können Tauben wichtige Informationen durch die Gefechtslinien tragen, wenn es keine andere Kommunikationsmöglichkeit gibt. Im Zweiten Weltkrieg wurden Tauben mit Fallschirmen zu britischen Spionen in Frankreich abgeworfen. Diese befestigten Geheimbotschaften an den Beinen der Vögel, dann flogen die Vögel mit über 145 km/h nach Hause.

UNTER SCHNEE BEGRABEN
Nach einer Lawine suchen Rettungsteams mit Hunden unter dem Schnee nach Überlebenden. Für ein Gebiet, das ein einziger Hund mit seinem feinen Geruchssinn absucht, wären in der gleichen Zeit 20 Menschen nötig. Typische Suchhunde sind neben Bernhardinern Deutsche Schäferhunde, Border Collies oder Labradors.

DELFINE ALS RETTER
Alte Legenden von Delfinen, die Ertrinkende retten und Schiffe durch gefährliches Fahrwasser leiten, scheinen einen wahren Kern zu enthalten. Auch heute gibt es immer wieder Berichte über Delfine, die Ertrinkende zur Oberfläche brachten und ihnen so das Leben retteten.

Retterin bei einem Erdbeben in Mexiko City, 1985

TIERISCHE WARNUNGEN
Seit alters glaubt man, dass Tiere durch ungewöhnliches Verhalten vor Naturkatastrophen warnen. Chinesische Forscher versuchten anhand tierischen Verhaltens Erdbeben vorherzusagen. 1975 sagten sie ein Erdbeben in Haicheng voraus, als Schlangen aus der Winterstarre erwachten und Ratten in Massen aus der Stadt flüchteten. 12 Stunden nach der Evakuierung wurde die Stadt von einem Erdbeben zerstört.

SUCHE IN DEN TRÜMMERN
Dieser Suchhund schnüffelt nach Spuren von Überlebenden in den Trümmern eines von einem Erdbeben zerstörten Hauses. Nach einem Erdbeben oder einer Explosion sind die Gebäudereste instabil, es kann Glassplitter und ausströmendes Gas geben. Trotz der Gefahr laufen Rettungshunde leichtfüßig über die Trümmer und finden Überlebende.

Ein Hund sucht in den Trümmern nach Überlebenden.

Tierorden

ORDEN FÜR TIERE
Es gibt Organisationen, u.a. in den USA und Großbritannien, die Tieren, die besonderen Mut bewiesen haben, Orden verleihen. Die Tiere haben z.B. Menschen aus den Flammen oder vor dem Ertrinken gerettet, mit Gebell ihre Besitzer vor Feuer oder ausströmendem Gas gewarnt oder sogar Veränderungen in der Atmung eines Babys bemerkt, die auf ein medizinisches Problem hindeuteten.

Rettung im Kriegsfall

Im Krieg ist jeder ein mögliches Opfer, das der Hilfe durch Rettungsmannschaften bedarf. Soldaten und Zivilisten, die von Kugeln, Bomben, Granaten oder Chemikalien verletzt wurden, müssen zur Behandlung schnell an einen sicheren Ort gebracht werden. Manchmal geraten Menschen auch hinter feindliche Linien, werden gefangen genommen und in Kriegsgefangenenlager gebracht. Die Rettung aus solchen Situationen kann durch einen schnellen Überraschungsangriff, einen geheimen Fluchtplan oder unter der weißen Parlamentärsflagge erfolgen. Viele Rettungsdienste, die wir als selbstverständlich betrachten, stammen aus Kriegszeiten. Auch die Rettungswagen fanden dort erstmals Verwendung. Die Verwundungen und Krankheiten der Soldaten führten zu wichtigen medizinischen Entwicklungen, z.B. der Antibiotika gegen Infektionen oder der plastischen Chirurgie zur Behandlung von Verbrennungsopfern.

TAPFERKEITSMEDAILLEN
Regierungen verleihen Medaillen an Rettungskräfte, die ihr Leben für andere riskiert haben.

HUNDE BEIM MILITÄR
Im Krieg wurden Hunde für spezielle Aufgaben ausgebildet. Sie sprangen z.B. aus dem Schützengraben aufs Schlachtfeld und untersuchten die Körper von Soldaten auf Lebenszeichen. War jemand nur verwundet, blieb der Hund neben ihm liegen, bis man den Verletzten in Sicherheit brachte.

DIE DAME MIT DER LAMPE
Als Florence Nightingale (1820–1910) während des Krimkriegs (1853–1856) in das schmutzige, rattenverseuchte Krankenhaus in Scutary/Türkei kam, standen die Überlebenschancen für die Patienten 1:3. Nightingale und ihre 38 Krankenschwestern sorgten für frische Luft, Licht, Wärme, Sauberkeit, Ruhe und gutes Essen, sodass bald nur noch einer von 40 Patienten starb.

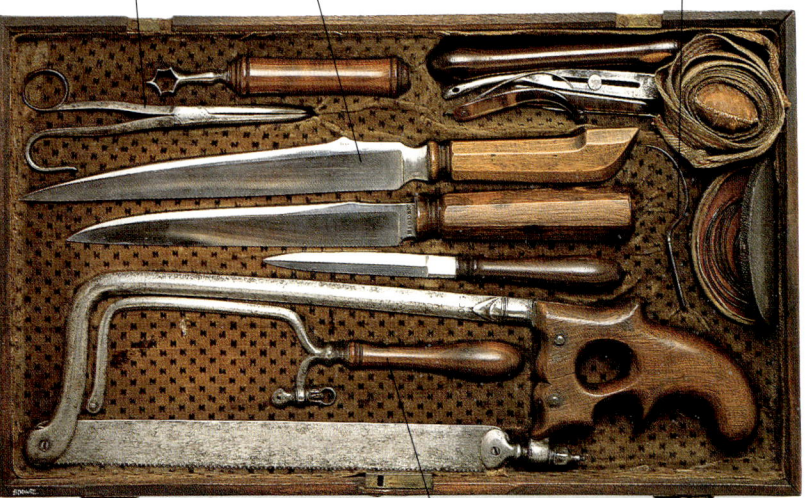

Pinzette — *Langes Messer zum Durchtrennen von Muskeln* — *Nadel zum Nähen von Wunden*

Amputationsbesteck aus dem 18. Jh. — *Kleine Säge zur Amputation von Fingern und Zehen*

HILFE GEGEN WUNDBRAND
Jahrhundertelang mussten Glieder, die im Kampf schwer verletzt worden waren, amputiert werden, damit keine lebensgefährliche Entzündung entstand. Amputationsstümpfe wurden mit heißem Pech behandelt und dann mit heißen Eisen verödet, um die Blutung zu stoppen. Der französische Chirurg Ambroise Paré (1510–1590), steigerte die Überlebensrate, indem er das Pech durch eine Tinktur aus Eigelb und Terpentin ersetzte und Blutgefäße abband, anstatt sie zu versengen.

Viermotoriges amerikanisches Transportflugzeug

DIE BERLINER LUFTBRÜCKE
Die größte Lufttransport-Mission aller Zeiten fand nach dem Zweiten Weltkrieg statt. 1948 schnitt die Sowjetunion alle Wege nach West-Berlin ab, um die Alliierten – die USA, England und Frankreich – zu zwingen ihre Rechte dort aufzugeben. Elf Monate lang versorgten Flugzeuge West-Berlin mit 2 Mio. t. lebensnotwendiger Güter für die Bevölkerung, bis die Blockade abgebrochen wurde.

KRANKENKUTSCHEN
Die ersten Krankenwagen waren einfache Kutschen, in denen Tragen transportiert wurden. Eine medizinisch geschulte Besatzung gab es nicht. Während Napoleons Einmarsch in Italien 1796 führte der Militärarzt Dominique Jean Laurey (1766–1842) diese „fliegenden Krankenkutschen" ein. Schnell fuhren die Einspänner auf das Schlachtfeld, die Verwundeten wurden eingeladen und in ein Lazarett gebracht.

Krankenkutsche aus dem Ersten Weltkrieg

OPERATION DYNAMO
Nach dem Fall Frankreichs 1940 wurden britische und französische Truppen an den Stränden von Dünkirchen von der vorrückenden deutschen Armee eingeschlossen. Daraufhin kamen über 900 private Yachten, Motorkreuzer, Lastkähne und Muschelkutter über den Ärmelkanal und retteten 338.000 Männer. Einige wurden trotz Minen und Tieffliegerbeschuss bis nach Hause gebracht, andere auf Marineschiffe, die vor der Küste lagen.

RETTUNGSHUBSCHRAUBER
Wie Feldlazarette eingerichtete Hubschrauber mit medizinisch ausgebildetem Personal wurden zuerst von der US-Armee während des Vietnam-Krieges (1961–1975) eingesetzt. Durch ihre Manövrierfähigkeit sind Hubschrauber in Kriegszeiten wichtige Rettungstransporter, die in unwegsamen Gebieten Verletzte einladen oder Soldaten hinter feindlichen Linien retten können.

Naturkatastrophen

Stürme, Überschwemmungen, Erdrutsche, Flutwellen – Naturgewalten können ganz plötzlich ohne Vorwarnung zuschlagen und dann große Verwüstungen anrichten und viele Menschenleben fordern. Die Regierung ruft in dem betroffenen Gebiet den Notstand aus und schickt Rettungskräfte, um die Situation unter Kontrolle zu bringen. Oft gibt es viele Tote und Verletzte, und noch mehr Menschen sind obdachlos geworden. Es kann zu chaotischen Zuständen kommen, wenn es weder Strom noch Wasser gibt und das Telefonnetz nicht funktioniert. Es fehlt an Nahrung, Brennstoff und anderen Dingen. Die meisten Naturkatastrophen sind schwer vorauszusagen. In Regionen jedoch, die ständig von schweren Stürmen oder Flutkatastrophen bedroht sind, lassen sich die Folgen durch Vorausplanung mildern. So kann man Schutzmaßnahmen ergreifen, z.B. Flutdeiche oder Sturmbunker errichten, und frühzeitig warnen.

WIRBELSTÜRME
Tornados entstehen plötzlich und unvorhersehbar, sodass man in gefährdeten Gebieten, wie im „Tornadokorridor" der USA, Häuser mit Sturmbunkern baut. Am besten geschützt vor einem Tornado ist man im Keller oder in der Mitte eines Hauses, mit so vielen Wänden wie möglich zwischen sich und dem Sturm. Dieses Foto zeigt die typischen Zerstörungen eines gewaltigen Tornados.

EIN WIRBELSTURM VON OBEN
Auf diesem Foto kann man die wirbelnden Winde rund um das Zentrum des Taifuns Pat deutlich erkennen. Dieser Taifun (so nennt man Hurrikane im indopazifischen Raum) wütete 1985 im Ostpazifik. Forscher beobachten solche Stürme mit Wettersatelliten; so können sie Menschen in gefährdeten Gebieten rechtzeitig warnen.

EIN MEER VON SCHLAMM
Als 1985 in Kolumbien der Vulkan Nevada del Ruiz ausbrach, überrollte eine Lawine aus Schnee, Bimsstein und Asche mit bis zu 35 km/h die Stadt Amero. Ärzte, Feuerwehr, Armee, Luftwaffe und internationale Rettungsexperten kamen, um Überlebende aus den Schlamm- und Trümmerfluten zu befreien, die sie wie nasser Beton umgaben.

Ein Hubschrauber bringt einen Überlebenden in Sicherheit.

ÜBERALL WASSER
Schwere Regenfälle, Schmelzwasser, Schnee, Dammbrüche oder Stürme auf dem Meer können dazu führen, dass Flüsse über die Ufer treten oder Flutwellen die Küste überspülen. Eine starke Flut reißt Häuser und Autos mit und lässt Abwässer aus den Kanälen treten. Mit Hubschraubern und Booten sucht man wie hier in Mosambik nach Überlebenden.

WASSERBOMBEN
Zur Bekämpfung eines Feuers aus der Luft schöpft ein Löschflugzeug erst Wasser aus dem Meer oder einem See in seine Riesentanks, fliegt dann nur 30 m hoch über den Flammen und wirft seine Ladung ab. Eine farbige Chemikalie verhindert das Zerstäuben des Wassers in feinen Nebel und zeigt dem Piloten, welche Gebiete schon bewässert sind.

Gefärbtes Wasser

WIND UND REGEN
Als 1992 der Hurrikan Andrew die Stadt Miami/USA traf, waren die meisten Einwohner dank der Warnung der Meteorologen vorbereitet und Hilfsorganisationen hatten Unterkünfte für die gebaut, die durch den Sturm obdachlos wurden. Die Straßen allerdings waren mit über 1 Mio. flüchtender Menschen verstopft.

WALDBRÄNDE
Waldbrände sind in heißen, trockenen Sommern in Regionen wie Südfrankreich, Südost-Australien und Kalifornien eine ständige Gefahr für Bewohner, Tiere und Urlauber. Feuer kann durch einen Blitzeinschlag, ein weggeworfenes Streichholz oder sich selbst entzündende, verrottende Pflanzen entstehen. Dann verbreiten sich die Flammen durchs Unterholz und springen mit bis zu 160 km/h von Baum zu Baum.

RAUCHSPRINGER
In abgelegenen Gebieten springen Feuerwehrleute mit Fallschirmen ab, um ein unkontrolliertes Ausbreiten der Brände zu verhindern. Mit Spritzen, Schaufeln und Sägen schlagen sie eine Bresche um das Feuer und fällen Bäume, damit die Flammen nicht übergreifen, bevor Löschtrupps eintreffen. Oft ziehen Rauchspringer stundenlang Feuergräben und müssen dann trotzdem vor der Hitze und den Flammen flüchten.

Erdbeben

Ein schweres Erdbeben erschüttert den Boden. Gebäude stürzen ein und große Erdspalten tun sich auf. Das Beben breitet sich wellenförmig von einem Epizentrum aus und wird langsam schwächer, je weiter es sich vom Zentrum entfernt. Oft liegen Überlebende tagelang verletzt oder bewusstlos unter Trümmern. Auch wer nicht verletzt unter den Trümmern begraben ist, leidet bald unter lebensgefährlicher Dehydration. Während alle anderen aus dem Katastrophengebiet flüchten, begeben sich die Rettungsteams direkt dorthin. Für sie ist es ein Wettlauf mit der Zeit: Die Opfer müssen schnell geborgen werden. Jeden Moment können teilweise zerstörte Gebäude ganz zusammenbrechen. Nachbeben können weitere Schäden verursachen und gefährliche Stoffe wie entweichendes Gas können Feuer fangen. Die Rettungsteams müssen besonders vorsichtig zu Werke gehen, um sich nicht auch noch selbst zu gefährden.

Drachenkopf
Bronzekugel

ERSCHÜTTERUNGEN MESSEN
Der erste Seismograf zur Messung von Erdbeben wurde 132 n.Chr. vom Chinesen Chang Heng gebaut. Er bestand aus einem Bronzegefäß mit Drachenköpfen, umgeben von Kröten. Im Gefäß schwang ein schweres Pendel. Je nach Stärke des Bebens öffnete einer der Drachen das Maul und gab eine Kugel frei, die in das Maul der sitzenden Kröte fiel.

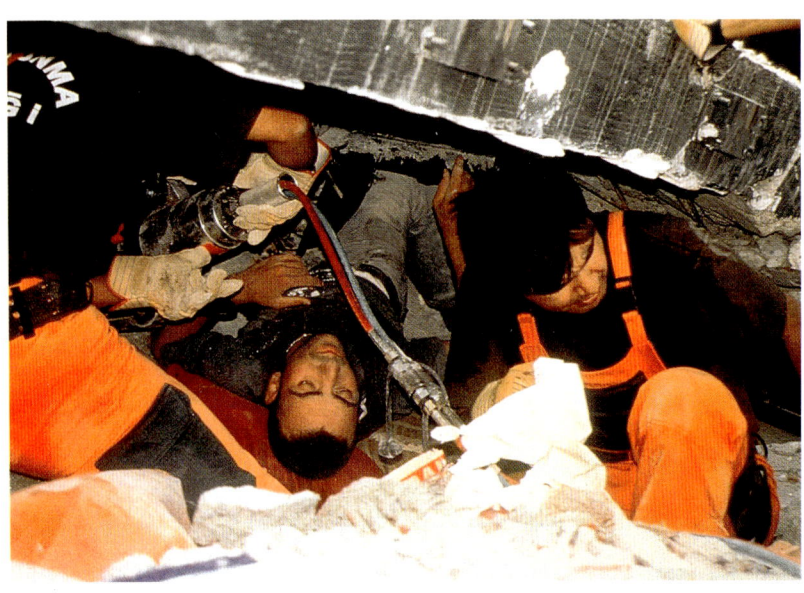

EINGEKLEMMT
Am besten kann man verschüttete Personen befreien, wenn man durch die Trümmer seitlich an sie heranrutscht. Räumt man den Schutt über den Verschütteten weg, könnten instabile Teile ins Rutschen kommen und sie noch mehr gefährden.

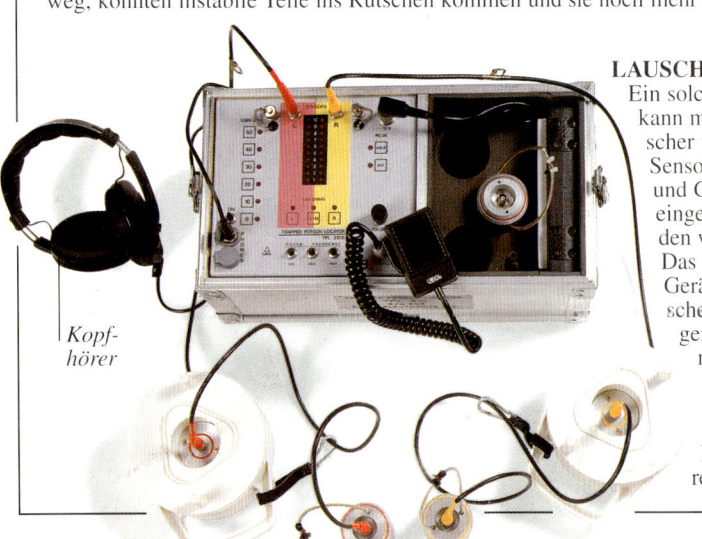
Kopfhörer

LAUSCHEN
Ein solcher Detektor kann mittels seismischer und akustischer Sensoren Vibrationen und Geräusche unter eingestürzten Gebäuden wahrnehmen. Das empfindliche Gerät kann zwischen Hintergrundgeräuschen und menschlichen Lauten unterscheiden und sogar Herzschläge registrieren.

WÄRME
Mithilfe von Infrarotstrahlen macht eine Wärmebildkamera die Körperwärme einer verschütteten Person durch Rauch und Staub hindurch sichtbar. Am wirkungsvollsten ist der Einsatz morgens, wenn es kühl ist und sich die menschliche Körperwärme deutlich von der Umgebungstemperatur abhebt.

ERDBEBEN-ÜBERLEBENS-AUSRÜSTUNG
Da man ein Erdbeben schwer voraussagen kann, haben viele Bewohner von erdbebengefährdeten Gebieten für den Fall, dass sie von der Außenwelt abgeschnitten werden, eine Überlebensausrüstung im Haus oder im Auto.

Ausrüstung mit Erste-Hilfe-Paket, Nahrung, Trinkwasser und Taschenlampe

Eine flexible Rahmenkonstruktion macht die Transamerica-Pyramide erdbebensicher.

ERDBEBENSICHER BAUEN
In Erdbebengebieten baut man Brücken und Gebäude so, dass sie Erdbeben standhalten. Die Fundamente der Transamerica-Pyramide in San Franzisco/USA ruhen auf einem Stahlbetonblock, der die Erdbewegungen mitmacht. Durch seine flexible Rahmenkonstruktion kann das Gebäude Erschütterungen folgen.

SCHWIERIGKEITEN
Wenn Strom-, Gas- und Wasserleitungen sowie Telefon- und Funkverbindungen unterbrochen sind, erschwert dies die Rettungsmaßnahmen. Die Zerstörungen des Erdbebens in Kobe/Japan wurden durch das Versagen der Wasserversorgung verschlimmert, weil die Feuerwehr Brände nicht löschen konnte. Probleme bereiteten auch die verstopften Straßen, weil die Retter nicht durchkamen.

Vulkanausbrüche

Bei einem Vulkanausbruch werden flüssige Lava, Staub, Asche und heiße Gase durch eine Öffnung in der Erdkruste bis zu 30 km hoch in die Luft geschleudert. Frühzeitige Warnung und Evakuierung sind entscheidend für die Rettung von Menschenleben. Ehe es zu einer großen Eruption kommt, kündigen meist Tage oder Monate vorher kleinere Ausbrüche das kommende Ereignis an, wodurch genug Zeit für eine Evakuierung der Bevölkerung bleibt. Allerdings hören diese kleinen Eruptionen manchmal einfach wieder auf oder ein Ausbruch ereignet sich ohne Vorwarnung. Deshalb ist eine genaue Vorhersage schwierig. Wenn es eine Weile dauert, bis ein Vulkan nach einer Evakuierung ausbricht, kehren die Bewohner eines gefährdeten Gebietes oft zurück, bevor die Gefahr wirklich vorüber ist. Manche Vulkane brechen regelmäßig aus, andere nur alle paar Jahrhunderte oder gar Jahrtausende. Selbst sog. „erloschene" Vulkane können noch für böse Überraschungen sorgen.

Der Regenschirm schützt die Flüchtenden vor Ascheregen.

EVAKUIERUNG
Frühzeitig gewarnt, können die Menschen, die rund um den Vulkan leben, vor einem Ausbruch evakuiert werden. Diese Dorfbewohner auf den Philippinen haben bis zum letzten Moment gewartet und sind erst in die Evakuierungszentren geflohen, als sich riesige Aschewolken über dem Vulkan Mayon zusammenbrauten.

Lavastrom am Ätna/Italien (1983)

Ausbruch des Mount St. Helens/ USA 1980

VORHERSAGE
Seismografen wie diese im Vesuv-Beobachtungszentrum in Italien, dienen der Vorhersage von Zeitpunkt und Stärke einer Eruption. Sie messen Erdbewegungen, die vor einem Ausbruch oft stark zunehmen. Manchmal kann man vor einem Ausbruch auf Satellitenfotos sehen, dass sich die Hänge eines Vulkans durch den Druck des Magmas (geschmolzenes Gestein) im Inneren wölben und dass der Wasserspiegel an der Küste sinkt.

LAVAUMLEITUNG
Rot glühende Lava mit Temperaturen bis zu 1200 °C walzt alles auf ihrem Weg nieder. In dichter besiedelten Gebieten werden Lavaströme manchmal vom Flugzeug aus bombardiert, damit sie ihre Richtung ändern. Andernorts baut man Dämme, um Städte vor Schlamm- oder Lavaströmen zu schützen. Lavaströme kommen z.B. auf Island und Hawaii häufig vor.

GIFTIGE WOLKEN

Neben flüssiger Lava speit ein Vulkan auch eine gewaltige Wolke aus Asche, Dampf und giftigen Gasen (Pyroklastite) aus. Die Vulkanasche bedeckt das Umland und kann Mensch und Tier ersticken. Der Dampf macht die Wolke glühend heiß und das Gas enthält Kohlenstoffdioxid und Schwefeldioxid, an denen Menschen und Tiere ersticken können.

VULKANBEOBACHTUNG

Vulkanologen überwachen Vulkane, um mögliche Eruptionen vorauszusagen zu können. Sie messen Temperaturänderungen von Lava- und Gasproben sowie Veränderungen in der Größe und Form des Umlandes. Bei der Arbeit in der starken Hitze nahe des Vulkankraters tragen die Vulkanologen Schutzanzüge.

ATEMSCHUTZ-MASKE

Neben Schutzkleidung tragen Vulkanologen Atemschutzmasken, um sich vor den giftigen Gasen des Vulkans (u.a. Schwefelgasen) und vor dem Staub zu schützen.

Filter

ERDBEWEGUNGEN ÜBERPRÜFEN

Die Überwachung der Bodenhöhe kann Vulkanologen bei der Entdeckung winziger Veränderungen helfen, die eventuell auf einen Ausbruch hindeuten. Auch Erdspalten, die sich täglich verengen oder erweitern, werden vermessen.

Zusammenklappbares Stativ

Umweltkatastrophen

In Industriebetrieben, in denen mit brennbaren, giftigen oder umweltschädlichen Substanzen umgegangen wird, z.B. mit Gas, Öl, gefährlichen Chemikalien oder radioaktivem Material, gelten strenge Sicherheitsbestimmungen, da Unfälle verheerende Folgen für die Umwelt in der Umgebung der Fabrik, des Lagers oder des Kraftwerks haben können. Menschen, Tiere, Pflanzen, der Boden, ja sogar die Luft können betroffen sein. Die Folgen sind jahrelang spürbar; Radioaktivität aus Atomunfällen bleibt sogar jahrhundertelang schädlich. Tritt eine solche Katastrophe ein, muss man die Verletzten bergen und Menschen aus der Gefahrenzone evakuieren. Retter brauchen Schutzkleidung, um nicht ihr Leben aufs Spiel zu setzen. Dann muss die Situation unter Kontrolle gebracht werden, um die Ausbreitung der Umweltverschmutzung zu verhindern, bevor die Reinigungsarbeiten beginnen können.

ÖLPEST
Als der Tanker *Exxon Valdez* 1989 vor Alaska auf Grund lief und 2000 km Küstenlinie mit Öl verseuchte, halfen 11.000 Menschen bei den Aufräumarbeiten. Um Öl zu entfernen, legt man schwimmende Barrieren um die Ölfläche. Dadurch wird die weitere Ausbreitung verhindert und der Ölteppich kann von einem Schiff abgesaugt werden. An Land wird das klebrige Öl mit Hochdruckreinigern weggespült.

NUKLEARKATASTROPHE
1986 fing der Reaktor des Atomkraftwerks in Tschernobyl/Ukraine Feuer, zerstörte das ihn umgebende Gebäude und verseuchte die gesamte Umgebung. Die Bewohner wurden evakuiert und der Reaktor wurde mit einer dicken Betonhülle umgeben. Zehn Jahre später mussten die Arbeiter, die eine Straße zum Kraftwerk bauten, noch immer Schutzmasken tragen.

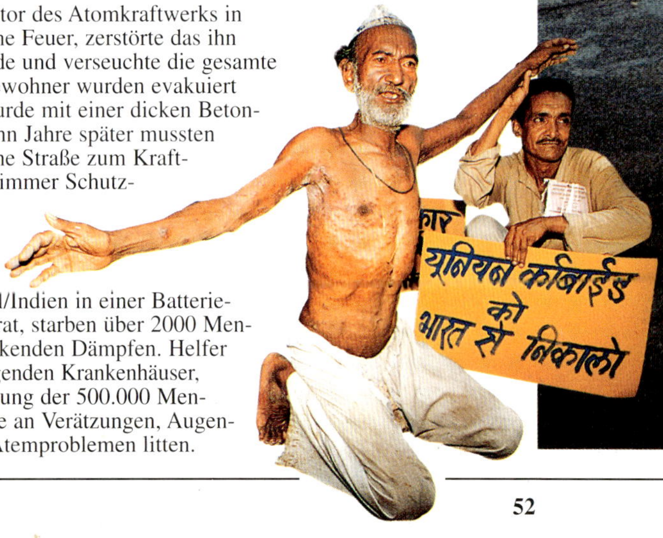

CHEMIEUNFÄLLE
Als 1984 in Bhopal/Indien in einer Batteriefabrik Giftgas austrat, starben über 2000 Menschen an den erstickenden Dämpfen. Helfer eilten in die umliegenden Krankenhäuser, um bei der Behandlung der 500.000 Menschen zu helfen, die an Verätzungen, Augenverletzungen und Atemproblemen litten.

OPERATION „WÜSTE LÖSCHEN"
Beim Löschen von Ölbränden muss man erst die Flammen unter Kontrolle bringen und dann die Leitungen schließen, um den Zufluss von Öl und Gas zu stoppen. Im Golfkrieg 1991 steckten irakische Soldaten auf dem Rückzug aus Kuwait über 700 Ölquellen in Brand. 1200 Öl-Feuerwehrleute bekämpften die Brände, indem sie Schlamm hineinpumpten und die Flammen mit Sprengstoff „auspusteten".

BRENNENDES ÖL
Die Bekämpfung von Ölfeuern gehört für Feuerwehrleute zu den gefährlichsten Einsätzen überhaupt. Der Amerikaner Red Adair erlangte internationalen Ruhm, weil er weltweit viele der schlimmsten Ölfeuer bekämpfte, so auch den Brand auf der Nordsee-Ölplattform „Piper Alpha", bei dem 167 Menschen ums Leben kamen.

Tiere in Not

Nicht nur Menschen brauchen Rettungsdienste – auch Tiere können Opfer von Umwelt- und Naturkatastrophen oder von Misshandlung werden. Überall auf der Welt gibt es Tierhilfsorganisationen wie den Deutschen Tierschutzbund oder die amerikanische Humane Association, die sich um die Rettung von Tieren kümmern. Einige Organisationen versorgen in erster Linie Tiere aus unserer nächsten Umgebung wie Haus- oder Nutztiere. Sie haben nur mit Wildtieren zu tun, wenn diese in Kontakt mit Menschen kommen, z.B. wenn jemand einen Jungvogel findet, der aus dem Nest gefallen ist. Naturschutzgruppen kümmern sich um Tiere in freier Wildbahn oder in Naturschutzgebieten. Manche Retter, wie Förster in einem Wildpark oder Tierärzte, werden für ihre Arbeit bezahlt, doch viele andere setzen sich ehrenamtlich für das Wohl der Tiere ein.

GESTRANDETE WALE
Wissenschaftler können nicht erklären, warum Wale oft in flachem Wasser stranden. Rettungsteams warten auf die Flut und manövrieren den Wal dann zurück ins Wasser. Manchmal jedoch müssen die Tiere in einer Segeltuchtrage mit einem Kran zurück ins Meer gehievt oder sogar in Lastwagen über Land zu tiefen Stellen im Wasser gebracht werden.

Gartennetz

RETTUNGSDIENSTE
In vielen Ländern gibt es Tierrettungsdienste, die man rufen kann, wenn ein Tier in Gefahr ist, wie dieser Waldkauz, der sich in einem Gartennetz verfangen hat. Die Retter kümmern sich auch um gequälte Tiere, führen Beratungen über Tierpflege durch und bieten kostenlose oder preiswerte tierärztliche Behandlung an.

LEBENSRAUMZERSTÖRUNG
Tiere, die einer Naturkatastrophe entfliehen konnten, etwa einem Feuer oder einer Flut, finden bei ihrer Rückkehr oft ihren Lebensraum zerstört. 1998 mussten viele Schildkröten auf den Galapagos-Inseln von Naturschützern evakuiert werden, weil ihr Lebensraum von einem Lavastrom aus einem Vulkan vernichtet worden war.

VOM AUSSTERBEN BEDROHT
Die Zahl der Wildtiere auf der ganzen Welt sinkt drastisch, je mehr der Mensch ihren natürlichen Lebensraum für Landwirtschaft, Wohnen oder Industrie nutzt. Manche Arten wurden ausgerottet, andere sind vom Aussterben bedroht. Um gefährdete Arten zu schützen, überwachen Aufseher die Wanderungen der Tiere, z.B. durch Funkhalsbänder, wie man diesem betäubten Elefanten in Kenia eines angelegt hat.

Funkhalsband

UMSIEDLUNG
Wandert ein Raubtier wie ein Tiger oder ein Wolf in ein von Menschen besiedeltes Gebiet ein und beginnt auch Nutzvieh zu jagen, wollen die Anwohner das Tier oft töten, um sich und ihren Besitz zu schützen. Naturschützer werden gerufen, um das Tier zu fangen und es in ein weiter entferntes Gebiet zu bringen. So schützt man sowohl das Tier als auch die Menschen und ihr Vieh.

Reinigung der Federn eines verölten Meeresvogels

VERÖLTE VÖGEL
Vögel mit veröltem Gefieder können sich nicht warm halten und vergiften sich oft schon beim Versuch sich zu säubern. Retter reinigen vorsichtig ihre Federn mit speziellen Chemikalien und setzen die Vögel wieder aus. Andere Tiere wie Fische und Meeressäuger sind ebenfalls von solchen Verschmutzungen betroffen, deren Folgen monatelang andauern können.

Rettung aus abgelegenen Regionen

Wenn man sich fernab von jeder Hilfe in einem Waldgebiet oder Gebirge, in der Wüste oder einer Polarregion verirrt oder verletzt hat, ist dies ein furchtbares Erlebnis. Überlebende von Flugzeugabstürzen, Seeleute nach einem Schiffsuntergang oder verirrte Forscher sind Gefahren durch wilde Tiere, Nahrungs- und Wassermangel sowie den Unbilden der Witterung ausgesetzt. Rettungskräfte zu alarmieren kann schwierig sein, obwohl man auch ohne Funk eine SOS-Nachricht aussenden kann. Überlebende ohne Funkkontakt müssen für deutliche Notsignale für vorbeikommende Flugzeuge oder Schiffe sorgen. Mit etwas Glück alarmiert auch zu Hause jemand die Rettungskräfte, wenn eine Person nicht zum erwarteten Zeitpunkt zurückkehrt. Dann kann die Suche nach dem Vermissten beginnen.

Nimrod-Aufklärungsflugzeug der Royal Airforce

SUCH- UND BERGUNGSFLUGZEUGE
Militärische Aufklärungsflugzeuge werden auch zivil eingesetzt. Sie überwachen weite Gebiete auf dem Land und dem Meer. Geräte an Bord entdecken Boote und Flugzeuge in weiter Ferne und bei jedem Wetter. Die Flugzeuge werfen Notpakete für Überlebende ab; dann gibt die Crew über Funk für Rettungshubschrauber oder Rettungsboote die genaue Position an.

RETTUNG AUS DEM WALD
In einem dichten Wald sollten Menschen, die Hilfe brauchen, eine Lichtung suchen, damit Retter aus die Luft sie sehen können. Opfer von Flugzeugabstürzen sollten in der Nähe des Wracks bleiben, weil es von oben leicht erkennbar ist. Auch ein rauchendes Feuer aus feuchtem Holz oder eingeschaltete Fahrzeuglampen können die Retter alarmieren.

UNTERKÜHLT
Ist der Körper eines Menschen Wind, Regen oder Kälte schutzlos ausgesetzt, verliert er zu viel Wärme. Unterkühlte müssen in solche Wärme reflektierenden Rettungsdecken gehüllt und schnellstens in eine Unterkunft gebracht werden.

Foliendecke

RETTUNGSSCHLITTEN
Zur Bergung von Opfern aus verschneiter Wildnis benutzen Sanitäter Schlitten, die von einem Schneemobil gezogen werden. Der Sanitäter schiebt den Patienten in den Schlitten hinein und schützt ihn oder sie mit einer wasserdichten Abdeckung. In langsamer Fahrt geht es dann über den holprigen Schnee ins Krankenhaus.

Der Patient wird in einem geschlossenen Schlitten transportiert.

Überlebende stehen neben dem schneebedeckten Wrack ihres Flugzeugs.

ÜBERLEBT!
1972 stürzte ein Flugzeug mit 40 Passagieren und einer fünfköpfigen Besatzung in den schneebedeckten chilenischen Anden ab. Zuerst ernährten sich die 16 Überlebenden von Trockenfrüchten und Süßigkeiten und kochten Suppe aus Flechten. Als sie nichts mehr zu essen hatten, aßen sie von den Körpern der Toten, um sich am Leben zu erhalten. Nach 71 Tagen wurden die Überlebenden von einem Hubschrauber gerettet.

Amerikanisches Militärflugzeug LC130 mit Kufen zum Landen im Schnee

AUS DEM EIS
1999 erkrankte der amerikanische Arzt Jerri Nielsen auf einer Forschungsstation in der Antarktis an Krebs und musste dringend behandelt werden. Das Rettungsteam musste auf besseres Wetter warten – bei einer Temperatur unter -50 °C hätte sich das Fahrgestell des Flugzeugs verklemmt. Die Maschine landete auf einer Landebahn, die aus dem Eis herausgehauen worden war, und nahm Nielsen an Bord, ohne die Triebwerke auszuschalten.

Überleben

Nach einem Flugzeugabsturz oder einem Fahrzeugschaden an einem einsamen Ort brauchen die Überlebenden in erster Linie Essen, Wasser, Obdach und Feuer. Je nach Region ist das eine oder andere wichtiger. In der Wüste benötigt man hauptsächlich Wasser, in Polarregionen eine warme Unterkunft. Nahrungsmittel müssen rationiert werden, weil die Überlebenden nicht wissen, wie lange sie ohne Hilfe ausharren müssen. Als Nächstes muss man die Aufmerksamkeit von Rettern auf sich ziehen. Absturzopfer sollten in der Nähe der Trümmer bleiben, da man sie aus der Luft gut erkennt. Außerdem können sich die Überlebenden durch Zeichen bemerkbar machen. Jedes Signal, das in der Wildnis normalerweise nicht vorkommt, erregt Aufmerksamkeit. So fallen mehrere kleine Feuer auf oder ein großes Muster, das man in den Boden kratzt, sodass das darunter liegende Gestein zum Vorschein kommt.

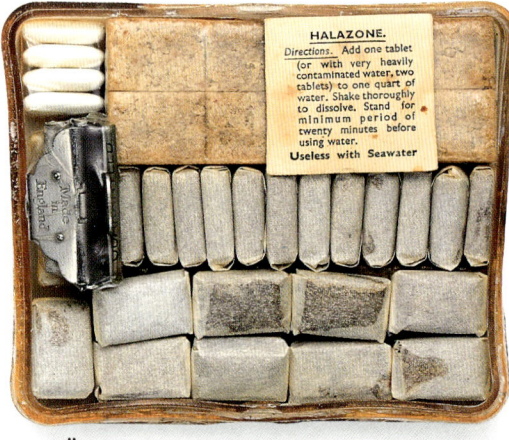

ÜBERLEBENSRATIONEN
Ein solches Überlebenspaket trugen britische Soldaten im Zweiten Weltkrieg bei sich. Mit Vitaminen angereicherte, nahrhafte Süßigkeiten und Wasseraufbereitungstabletten sollten die Soldaten am Leben erhalten helfen, bis sie andere Wasser- und Nahrungsquellen fanden.

Kompass

Heliograph (Signalgerät)

MILITÄR-ÜBERLEBENSWESTE
Für den Fall, dass sie abstürzen oder ihr Flugzeug verlassen müssen, tragen viele Militärpiloten Überlebenswesten. In den Taschen einer solchen Weste befindet sich alles, was man zum Überleben braucht, von Werkzeug und Waffen bis zum Erste-Hilfe-Set, einer Rettungsdecke und Signalraketen.

Decke

Messer mit Schleifstein

Heliograph

Revolvertasche

KOMPASS
Überlebende, die mit einem Kompass und einer Karte ausgerüstet sind, können ihren Standort bestimmten und sich auf den Weg zur nächsten menschlichen Siedlung machen. Doch auch ohne Karte hilft ein Kompass, eine bestimmte Marschrichtung einzuhalten.

SIGNALE GEBEN
Ist ein Flugzeug oder ein Schiff in Sicht, können Überlebende ein Stück blankes Metall oder einen Heliographen (ein Signalgerät) benutzen, um mit Sonnenstrahlen Signale zu senden und auf sich aufmerksam zu machen. Sie können z.B. im Morsecode das internationale Notsignal SOS funken.

FÜR ALLE FÄLLE
Ein Messer kann zum Bau einer Unterkunft, zum Jagen von Tieren und zum Durchqueren von Dickicht nützlich sein. Soldaten und Abenteurer haben in abgelegenen Gebieten immer eine Überlebensausrüstung dabei: Messer, Streichhölzer, Taschenlampe, Signalraketen und einen Schlafsack.

Britisches Armeemesser

FEUER
Ein Feuer zu entfachen gehört zu den ersten Maßnahmen, die Überlebende ergreifen sollten. Ein Feuer spendet nicht nur Licht und Wärme, sondern vertreibt auch wilde Tiere und dient als Signal für Retter. Zuerst müssen die Überlebenden leicht brennbares, trockenes Holz finden, dann müssen sie trockenen Bewuchs rund um die Feuerstelle entfernen. Bei starkem Wind können sie das Feuer in einer Grube anzünden.

Bau eines Schutzdachs aus Zweigen

NOTUNTERKÜNFTE
Wenn man längere Zeit Wind, Regen, Sonne oder Kälte ausgeliefert ist, kann man sterben, daher muss man als Erstes einen Unterschlupf finden. Höhlen oder Felsspalten bieten Schutz, doch mithilfe von Pflanzen oder Steinen lässt sich auch leicht eine einfache Hütte bauen. Im Schnee kann eine Höhle mit windabgewandter Öffnung Schutz bieten.

Blitzlichtgehäuse

Aderpresse

F Brauche Nahrung und Wasser

I Ernsthaft verletzt / brauche einen Arzt

Batterie

Batteriebetriebenes Notblitzlicht

ZEICHEN HINTERLASSEN
Überlebende, die sich vom Unglücksort entfernen müssen, sollten Zeichen hinterlassen, die möglichen Rettern den Weg zu ihnen weisen. Außerdem sind große, international anerkannte Zeichen aus Stöcken, Steinen oder weggekratzter Erde (oben) aus der Luft zu sehen.

Behelfstrage

Rasierer

Boden-Signaltücher

Multifunktionsmesser

Magnesiumfeuerzeug

ERSTE HILFE
Wenn es Menschen an einsame Orte verschlägt, muss Kranken oder Verletzten so schnell wie möglich erste Hilfe geleistet werden. Aus zwei Stangen, zwischen denen man Jacken befestigt, kann eine Behelfstrage gebaut werden.

Rettung im All

Wenn es im Weltall zu einem Notfall kommt, sind keine Rettungsdienste in der Nähe, die den Astronauten zu Hilfe eilen könnten. Die Besatzung des Raumschiffs muss allein mit der Situation fertig werden oder den Anweisungen der Bodenkontrollstation Folge leisten. Die Crew kann ein beschädigtes Raumschiff oder eine Raumstation nicht einfach verlassen, weil sie im Weltraum nicht lange überleben würde. Die einzige Möglichkeit ist, das Raumschiff so schnell wie möglich zur Erde zurückzubringen oder sich in ein Rettungsfahrzeug zu begeben, sofern eines vorhanden ist. Alle Unfälle und Probleme, die sich im Weltraum ereignen und die man meistern kann, sind eine nützliche Lektion für die Verantwortlichen. Heute sind z.B. Spaceshuttles mit Notausgängen ausgestattet, durch die die Besatzung notfalls mit Fallschirmen aussteigen kann.

Westar-VI-Satellit

NASA-RETTUNGSTEAM
Muss ein Spaceshuttle notlanden, steht sofort ein Rettungsteam bereit. Das Landen eines Shuttles auf dem Land ist gefährlicher als auf dem Wasser. Die gefährliche Aufgabe der Feuerwehrleute, ausgerüstet mit Spezialanzügen und -masken zum Schutz vor giftigen Dämpfen, besteht darin, in das beschädigte Shuttle einzudringen und die Astronauten zu bergen.

Ein Retter untersucht bei einer Übung einen Astronauten.

Sonnenkollektoren zur Stromerzeugung

Die Sojus-Raumfähre transportierte die Besatzung.

Andockstelle für Besucherfahrzeug

Hier lebte die Besatzung.

BEINAHE-KATASTROPHE
1997 stieß ein Versorgungsfahrzeug mit der Raumstation *Mir* zusammen, beschädigte die Energieversorgung und verursachte ein Sauerstoff-Leck. Die Mannschaft versuchte die Sojus-Raumkapsel zu starten, doch ohne Energie funktionierte das Abkopplungssystem nicht. Im letzten Moment trafen Sonnenstrahlen die Sonnenkollektoren und sorgten für Strom. Die Crew schloss das Sauerstoff-Leck und reparierte die Raumstation.

Modell der russischen Raumstation *Mir*

AUSSERHALB DES RAUMSCHIFFS
Zur Reparatur eines Satelliten in der Erdumlaufbahn müssen Astronauten die relative Sicherheit ihres Raumschiffs verlassen, um notwendige Arbeiten im Weltraum durchzuführen. Dabei tragen sie einen speziellen Raumanzug mit Lebenserhaltungssystem. In diesem „fliegenden Sessel" können sich Astronauten frei bewegen, sind aber nicht durch eine Sicherheitsleine mit dem Raumschiff verbunden. Bei Gefahr sind sie auf die übrige Mannschaft angewiesen. Hier führt der amerikanische Astronaut Dale Gardner die erste Satellitenreparatur der Welt durch.

„Houston, wir haben ein Problem."

APOLLO 13 AN DIE KONTROLLSTATION IN HOUSTON (13. APRIL 1970)

DIE *APOLLO*-13-MISSION
Im April 1970 startete *Apollo 13* zum Mond. 320.000 km von der Erde entfernt explodierte einer der Sauerstofftanks der Triebwerkseinheit und daraufhin versagten die Sauerstoff- und die Stromversorgung in der Kommandokapsel. Die einzige Überlebenschance der Astronauten war die Mondfähre *Aquarius*.

Apollo 13 startet von der Raketenabschussrampe.

Astronaut im Raumanzug

PROBLEME AN BORD
Die Mondfähre von *Apollo 13* hatte genügend Sauerstoff und Energie, um die Erde zu erreichen, füllte sich aber langsam mit dem Kohlendioxid, das die Mannschaft ausatmete. Auf Anweisungen der Kontrollstation bastelte die Crew aus Plastiktüten, Pappe und Klebeband einen Adapter für das Luftreinigungsgerät der Kommandokapsel – und es funktionierte.

Unbemanntes Versorgungsraumschiff

Die Kommandokapsel kehrt zur Erde zurück.

ENDLICH WIEDER ZU HAUSE
Die Crew zwängte sich in die Mondfähre, in der die Temperatur auf 3 °C gefallen, die Wände mit Kondenswasser bedeckt und die Fensterscheiben zugefroren waren. Als sich das Raumschiff der Erde näherte, zogen die Astronauten ihre Raumanzüge an und krochen zurück in die Kommandokapsel. Dann warfen sie die Mondfähre ab und wasserten zur Erleichterung aller sicher im Pazifischen Ozean.

Ausblick

Wissenschaftler erforschen ständig neue Technologien, die im Notfall über Leben oder Tod entscheiden können. Die Ausrüstungen der Rettungsdienste werden immer ausgeklügelter, kleiner, leichter, besser tragbar und handhabbar. Da man durch Neuerungen beim Material einige Gegenstände preiswerter und besser produzieren kann, sind sie leichter erhältlich. Rettungsdienste sind heute schneller und auch besser ausgerüstet.

Spezialfahrzeuge bringen die Rettungsmannschaften rasch selbst an abgelegene Unfallorte. Die Notfallmedizin macht beim Kampf um das Leben Verletzter allmählich Fortschritte und Sicherheitseinrichtungen in Fahrzeugen und an Maschinen werden immer besser. Doch trotz all dieser Fortschritte in der Technologie zum Schutz und zur Rettung von Leben bleiben nach wie vor bei allen Rettungsmaßnahmen Mut und Tatkraft der Retter, die ihr eigenes Leben riskieren, um anderen zu helfen, ausschlaggebend.

SPEZIALWASSERGEWEHR
Dieses Wassergewehr schießt Strahlen feinster Wassertröpfchen mit einer Geschwindigkeit von 400 km/h ab. So erhält man eine große, kühlende Oberfläche, die riesige Flammen und sogar Elektrobrände löschen kann. Das Gewehr ist tragbar und kann so von einem Feuerwehrmann bis ins Herz eines Brandes gebracht werden.

RETTENDER ANZUG
Im Notfall kann der Träger dieses Prototyps eines Arktis-Überlebens-Anzugs das Kleidungsstück zum Senden eines Notrufs benutzen. Wird die Person bewusstlos, sendet der Anzug automatisch eine SOS-Nachricht. Der Anzug kontrolliert ständig den Herzschlag und die Temperatur des Trägers sowie die Wettersituation. Sein eingebautes Kursbestimmungsgerät ermöglicht die exakte Bestimmung der Position des Trägers.

Gerät zum Stiefeltesten

Stiefel mit verstärkter Sohle

MIT LEICHTEM SCHRITT
Diese Stiefel wurden entwickelt, um die Füße und Beine von Rettungskräften beim Räumen scharfer Minen zu schützen. Winzige Körnchen aus harzbeschichtetem Stein mit Luftpolstern dazwischen bilden die Sohlen des explosionsgeschützten Schuhwerks. Die Sohlen absorbieren die Wirkung einer Explosion, anstatt sie, wie sonst üblich, abzulenken. Verstärkungen am Fuß bieten zusätzlichen Schutz gegen gefährliche Splitter.

Ein Freiwilliger testet die Bedienung des Anzugs.

Der Rettungsanzug hilft unter arktischen Bedingungen zu überleben.

Ein Taucher testet ein Rettungssignalgerät. — Weithin sichtbares Licht

SICHERHEIT IM MEER
Seeleute können dieses batteriebetriebene Signalgerät um den Hals tragen – besonders nützlich für Alleinreisende. Das Rettungssignal ist auf eine weltweite Notfunkfrequenz eingestellt und wird durch Drücken eines großen Knopfs aktiviert. Wird das Gerät länger als 20 Sekunden ins Wasser getaucht, sendet es automatisch ein Notsignal aus.

Notdamm-System

EINDÄMMEN DER FLUTEN
Diese Plastikbarriere wird fest, wenn sie sich mit Wasser füllt. Das Gewicht des Wassers drückt die Barriere nach unten und verhindert so ein Durchsickern des Flutwassers. Das System ist wiederverwendbar und kann leer flach zusammengefaltet und leicht transportiert werden. Es ist wesentlich wirksamer als herkömmliche Sandsack-Wälle und kann in kürzester Zeit aufgebaut werden.

Preiswertes, tragbares Blitzlicht

Radar-Blitzlicht

BLICK DURCH DIE WAND
Die Mikrowellen dieses Blitzlichts können eine Wand durchdringen, reflektieren die Bewegungen einer atmenden Person und zeigen die Ergebnisse auf einem Monitor. Bald wird die Polizei dieses Gerät bei Geiselnahmen einsetzen können, um Atemmuster von Personen durch Wände hindurch zu messen und Rettungsmaßnahmen einzuleiten. Das Blitzlicht registriert bis zu 5 m entfernte Bewegungen.

Ausgangsschild mit Geräuschsignal, das die Fluchtrichtung weist

HÖRBARER AUSWEG
Ein neues Feueralarmsystem benutzt ein richtungsweisendes Tonzeichen, um Menschen schnell aus einem brennenden Gebäude hinauszulotsen, selbst in dichtem Rauch. Das Signal besteht aus stoßweisen Tönen in vielen Frequenzen, auf die Menschen instinktiv reagieren. Auf dem Weg nach draußen werden die Töne bei jedem Zeichen schneller. Nähert man sich einer Treppe, zeigt ein ansteigender Ton, dass man Stufen hinaufsteigen muss, ein abfallender, dass es hinuntergeht.

Antenne und Sensor — Minensuch-Roboter — Hinterleibartige Kontrolloberfläche

Scherenartige Kontrolloberfläche

Künstliche Muskeln bewegen die Roboterbeine

ROBOTER-HUMMER
Ideen für Rettungs-Neuerungen kommen aus den verschiedensten Quellen. Forscher haben die Bewegungen von Meerestieren studiert, um bessere Unterwasser-Maschinen zu bauen. Die Bewegungen von Hummern regten sie zum Bau dieses Roboters an, der auf der Suche nach Minen auf dem Meeresboden umherkrabbelt.

Register

A, B, C

Achterbahn 18
Adair, Red 53
Airbags (Flugzeugstützen) 39
Amputation 44
Apollo 13 61
Arktis-Überlebens-Anzug 62
Ärzte ohne Grenzen 40, 41
Astronauten 61
Atemschutzmaske 29, 51
Atmung 24
ausfahrbare Leitern 15
Ausguck 30
Ausrottung von Tieren 55
Autounfall 17, 23
s. auch Verkehrsunfälle
Bauen, erdbebensicheres 49
Beatmungsgerät 23
bedrohte Tierarten 55
Berge
 Rettung 36–37, 42
Bergrutsch 46
Berlin-Blockade 45
Bernhardiner 42
Bhopal/Indien 52
Binokularmikroskop 12
Blitzler/Bewegungsdetektor 63
Blut
 Plasma 25
 Transfusion 25
Bohrinsel Piper Alpha 53
Bombenexplosion in Oklahoma City 19
Bombenräumroboter (Fernlenkmanipulator) 10, 11
Brände in abgelegenen Gebieten 47
Brieftauben 42
Chang Heng 48
Chemieunfälle 52
Chirurgie 12, 25
Crusoe, Robinson 8

D, E, F

Darling, Grace 10
Dehydration 25, 34
Delfine, Rettung durch 43
Die kleine Meerjungfrau 8
Dinelli, Raphael 24
drahtloser Telegraf 12
eingeschlossene Menschen 18–19, 43, 48, 49
EKG (Elektrokardiogramm-Monitor) 24
Erdbeben 11, 43, 48–49, 50
 Warnungen 43
Erdbeben-Überlebens-Kit 49
Erdbewegungen, Überwachung 51
erste Hilfe 6, 30, 59
Evakuierung 50
Evakuierung von Dünkirchen 45
Exxon Valdez 52
Feldlazarette 45
Fernlenkmanipulator 10, 11
Feuer 16, 47, 53
Feueralarmsysteme 63
Feueraxt 14
Feuerbekämpfung 59
Feuerwache 16
 Stange 16
Feuerwehr
 elektrische Säge 17
 Flughafen 38
 Funksprechgerät 14
 Kettensäge 17
 Schrank 14
 schützender Käfig 14, 15
Feuerwehr-Ausrüstung 11
Feuerwehrleute 14, 15, 16–17, 47
 Öl- 53
Flaggen
 Schwimmen gefahrlos möglich 31
 Signalflaggen 34
Flammendes Inferno 9
Fliegende Ärzte 21
Flüchtlinge 41
Flugsimulator 38
Flugzeug
 Abstürze 39, 57
 Notlandung 39
 Sicherheitseinrichtungen 38
Flüssigkeitsersatz 22
Flutbarriere 63
Fluten 46
Forfarshire 10
Freiwillige Helfer 7
 in Bereitschaft 6
Friedenserhaltung 41

G, H, I

Galapagosinseln 54
Geiseln 28
Geiselnahme 29, 39
Goss, Peter 34
halbstarres Rettungsboot 32
Halo Trust 40
Heliograph 58
Herz
 Defibrillator 22
 Medikamente 22
Hilfsorganisationen 40, 41
Hunde
 in den Bergen 36–37
 im Krieg 44
Hungerhilfe 40
Hurrikane 46, 47
HWS (=Halswirbelsäulen)-Kragen (verstellbare Halskrause) 23
Industriebetriebe; Umweltverschmutzung/Katastrophen 52–53
internationale Hilfe 40–41
Intubationsrolle 22
iranische Botschaft/London 28

J, K, L

Jetski 31
Katastrophenfilme 8, 9
Katastrophengebiete 46–47, 52–53
Kletterausrüstung 37
Kobe/Japan (Erdbeben) 49
Kommunikationsausrüstung 12
Kompass 58
Kordon 27
Krimkrieg 44
Krankenkutschen 45
Landminen 40, 62
Lassie 8
Laurey, Dominique Jean 45
Lautsprechersystem 27
Lava 50
Lawinen 36, 37, 42
Löschboote 33
Löschfahrzeug 39
Löschflugzeuge 47
Löschschläuche 16,38
Löschwagen 11, 14–15
Luft- und Seenotrettungsdienste 30

M, N, O

Mayday 12
McClure, Jessica 18
Medaillen 44
Médecins Sans Frontières
 s. Ärzte ohne Grenzen
Mikrochirurgie 12
Militär-Überlebensweste 58
Minen 40, 62, 63
Mondlandefähre *Aquarius* 61
Mont-Blanc-Tunnel Katastrophe 16
NASA-Rettungsteam 60
Naturkatastrophen 46–47
Naturschützer 54, 55
Nebelhorn 34
Nielsen, Jerri 57
Nightingale, Florence 44
Notaufnahme 24
Notfall 46
 Notrufe 6
 Team 6
 Leuchtraketen 34
 Medizin 24–25
 Signale 56
 Fahrzeuge 6
Notfallkoffer 23
Notfallwagen 24
Notrufe 6
Notrufe/-Signale 12, 58, 62
Notrutsche 39
Notsignale 56
Nuklearkatastrophe 52
Öl
 Feuerwehrleute 53
 Fläche 52, 55
 Reinigung 52
Operation Dynamo 45
Operation „Wüste löschen" 53

P, Q, R

Paré, Ambroise 44
Pilotentraining 38
Polizei 6, 26–27
 berittene 26
Polizeihunde 26
Pompeji 10
Pressluftgerät 16, 17
Pyroklastite 51
Radar 13
Rationen 58
Rauchspringer 47
Raumanzug 61
Raumstation *Mir* 60
Rehydrationssalze 25
Rettung
 aus dem Dschungel 38
 aus der Luft 38–39,
 s. auch Rettungshubschrauber
 in früheren Zeiten 10–11
 in Kriegszeiten 44–45
 in Polarregionen 57
 Prioritäten 6
Rettungsassistenten 20, 22, 23, 24
 Ausrüstung 21
Rettungsboote 6, 11, 35, 32, 33
 Ausrüstung 32
Rettungsdienste 6
Rettungsfahrzeug (Feuer) 15
Rettungsflöße 34, 35
Rettungsgeschichten 8–9
Rettungshubschrauber 20–21, 22–23, 27, 45
 Ausrüstung 20, 21
 s. auch Rettung aus der Luft
Rettungskräfte (Berge) 37
Rettungsringe 34
Rettungssanitäter 7, 22
 s. auch Sanitäter
Rettungsschwimmer 30–31
Rettungssignal 63
Rettungssignalgerät 63
Rettungswagen 20, 21
 Ausrüstung 22–23
Roboter
 zur Bombenentschärfung 12, 13
 Unterwasser- 63
Rotes Kreuz 40, 41
Rückenbrett 23
Ruderboote 30

S, T, U

Sanitäter 20, 21
SAS (Special Air Service) 28, 29
Satelliten 13
 Reparatur von 61
Satelliten-Navigations-System (GPS) 20
Sauerstoffmaske 24
Schaum 14, 17, 33
Schiffswracks 8, 10
Schmerz stillen 22
Schneemobil 56
Schutzhütte 59
Seenotrettung 32–35
Seilbahnen 18
Seismografen 50
Selkirk, Alexander 8
Signale
 für Retter 59
 Raketen 34
 Überlebender 58
Skilaufen 36
Sojus-Raumkapsel 60
Sondereinsatzkommandos 28–29
 Waffen 29
SOS 58, 62
Space Shuttle 60
St. Georg 9
Stiefel (gegen Landminen) 62
Stolleneinsturz 18
Strände 30, 31
Sturmschäden 18
Such- und Rettungsmaßnahmen 26, 27
 Flugzeuge 56
Superman 9
SWAT (Special Weapons and Tactics)-Teams 28
Taifune 46
Terroristen 28, 29
Tiere in Not 54–55
Tiere
 als Retter 42–43
 Auszeichnungen 43
 Evakuierung und Umsiedlung 54, 55
 s. auch Hunde
 Überwachung der Wanderungen von 55
Tierhilfsorganisationen 43, 54
Tierorden 43
Titanic 35
Tonzeichen 63
Tornados 46
Tragen 22, 32, 59
transportables Absauggerät 23
Tschernobyl-Reaktor 52
Tunnel, Feuer in 16
Überleben 58–59
 Überlebens-Ausrüstung 58
 Überlebens-Rationen 58
 unter Wasser 63
Überlebende 38, 56, 57
 Rettung 54
 Suche 12, 43
Überwachung 29
Umwelt
 Katastrophen 52–53
Unfallopfer 58
Unterkühlung 56

V, W

Vereinte Nationen (UN) 41
Verkehrsunfälle 6, 7, 27
Verschüttetendetektor 48
Versicherung, Zeichen der 11
Vesuv 10
Vögel, verölte 54
Vulkanasche 51
Vulkane 50–51
Vulkanologen 51
Wald 56
Waldbrände 47
Wale, gestrandete 54
Wärmebildkamera 12, 27, 49
Wasserbomben 47
Wassergewehr 39, 62
Weltraumrettung 60–61
Winde 33
Wirbelsäulenverletzungen 23
Zerstörung des Lebensraums 54
Zukunftstechnologie 62–63

Bildnachweis

o = oben, u = unten, m = Mitte, l = links, r = rechts

Aberdeen Fire Department, Maryland: 14u, 15o. AIGIS Ltd: 62or. Alan Watson: 56ml. The Art Archive: Dagli Orti 35o. Associated Press AP: Hobart Mercury 34or; Jeff Zelevansky 12ul. Bridgeman Art Library, London/New York: Grace Darling Museum, Edinburgh, Scotland 10ur. Bureau INF R.P. photothèque: 23or. City Fire Museum, New York: 11u. Cockermouth Mountain Rescue Team: 36u. Corbis UK Ltd: 10–11o., 13ml, 60–61u. Bettmann 57o; David Turnley 41u; Galen Rowell 57ur; Gary Trotter/Eye Ubiquitous 27u; George Hall 56or; Graham Wheatley/The Military Picture Library 33or; Hulton-Deutsch Collection 28m; Jeffery L. Rotman 28u; Lawrence Manning 6ur; Liba Taylor 40or; Neil Rabinowitz 30–31; Owen Franken 43ul; Peter Turnley 24ml; Reuters New Media Inc 46ur; Tim Wright 67ur. E.S.A.: 60u. Mary Evans Picture Library: 9u, 44or. First Army Headquarters, Selimiye Barracks: 44ml. Georgia Tech, Atlanta: 63mr. Ronald Grant Archive: Twentieth Century Fox and Warner Brothers 9or. Kate Howey, Elgan Loane of Kentree Ltd, Irland: 12or, 13ur. Hulton Getty: 12ml. Hydroscience Ltd: 63or. Internationales Kommittee des Roten Kreuzes: 7ol. Internationale Vereinigung des Roten Kreuzes und Roten Halbmonds: 40ul. IFEX Technologies: 62ol. Kobal Collection: Warner Brothers 8–9o. Lynton Gardiner: 16l, 16–17, 17r. Magnum: Erich Hartmann 12r. Marine Science Center, Northeastern University: 63ur. Mike McMillan/Spotfireimages.com: 47ul. H. K. Melton: 29ul. Museum of London: 11mr. NASA: 61or, 61u, 61r. Oxford Scientific Films: M.J. Coe 55or. PA Photos: 15u, 18ml, 26ur, 37tr, 41or, 50o, 52ml, 53om, 54or, 55ml. Popperfoto: 45mr; Joe Skipper 28mr; Kai Pfaffenbach 29ml; Reuters 42ul; Robert Pratta 16mr. Quadrant Picture Library: 39ml. RAF Museum, Hendon: 58or. Reima Smart Clothing: Arto Liiti 62u. Rex Features: 17ol, 18mr, 30mr, 50ur, 52um; Masataka Ooe 18u; Agence D.P.P.I 31mr; C. Harris/Times 33ul; D. Bagby 18g.o.r; Fema/Sipa Press 19; Jacques Duricux 51l, NASA 13r; O. Globo 38ol; SIPA Press 46ul, 48ml; Uhuru 39o. RNLI: 6or, Richard Leeney 32ol, 32u; Alex Wilson 10mru. RSPCA: 54ul; Andrew Forsyth 43ur. Science Photo Library: David Weintraub 50–51; Maximilian Stock Ltd 25tl; Peter Menzel 52-53; Vanessa Vick 52mr; W. Bacon 36or. Science Museum: 25u, 44ur, 48or. Sea Marshall Rescue Systems Ltd: 63ol. Seattle Fire Department: Richard Leeney 33ur. Sound Alert Technology plc: 63ul. Topham Picturepoint: Associated Press 48–49u; Tim Ockenden 38–39. TRH Pictures: 45ol, 45ur. US Department of Defense: Douglas J. Gillert 60ml. Volunteer Medical Service Corps, Lansdale, Pennsylvania: 22or. Weatherstock/Warren Faidley: 46or, 46m, 47ol. John Wiseman, School of Survival, Hereford: 58ur.

Einband:
Associated Press AP: Rückseite ol. Cockermouth Mountain Rescue Team: Rückseite ol; Ronald Grant Archive: Rückseite ol; Twentieth Century Fox and Warner Brothers Vorderseite ol. Rex Features: Gill Allen Vorderseite ur; SIPA Press Vorderseite mu. Royal National Lifeboat Institute: Alex Wilson: Rücken; Rückseite or, Vorderseite or. Seattle Fire Department: Rückseite mr. Topham Picturepoint: Associated Press Vorderseite ml.